트라우마 해방 일지

트라우마 해방 일지

초판 1쇄 인쇄 2024년 6월 20일
초판 1쇄 발행 2024년 6월 30일

지은이 심민영

펴낸이 우세웅
책임편집 김휘연
디자인 김세경

종이 페이퍼프라이스㈜
인쇄 유성드림

펴낸곳 슬로디미디어
신고번호 제25100-2017-000035호
신고년월일 2017년 6월 13일
주소 경기도 고양시 덕양구 청초로66, 덕은리버워크 지식산업센터 A동 15층 18호

전화 02)493-7780 | **팩스** 0303)3442-7780
전자우편 slody925@gmail.com(원고투고·사업제휴)
홈페이지 slodymedia.modoo.at | **블로그** slodymedia.xyz
페이스북·인스타그램 slodymedia

ISBN 979-11-6785-201-4 (03180)

트라우마 해방 일지

TRAUMA

심민영 지음

고통이 만연한 우리 사회,
트라우마에서 빠져나오는 법

슬로디미디어

일러두기

- 이 책의 본문 내 표현은 국립국어원의 한글맞춤법과 외래어표기법을 따르되 관용적으로 굳어진 일부 용어와 현장에서 사용하는 용어에는 예외를 두었습니다.
- 이 책의 본문 내 수에 대해서는 일부의 단위 경우를 제외하고는 대부분 아라비아 숫자로 표기하였습니다.
- 이 책에 언급되는 사례의 인물들은 본인 동의를 진행하였거나 개인 식별 방지를 위해 각색하였으며, 익명 처리하였습니다.
- 이 책의 본문은 '을유1945' 서체를 사용했습니다.

추천사

트라우마는 삶의 궤적을 바꾼다. 이제껏 겪어보지 못했던 것을 감당하면서 살아야 한다. 그래서 어찌해야 할지 갈피를 잡지 못하게 된다. 그런 트라우마가 무엇이고 삶에 어떠한 영향을 미치고 어떻게 넘어갈 것인가 하는 것을 알고 다루는 것은 너무 중요하다.

국가트라우마센터장으로 여러 트라우마의 한복판에서 수많은 트라우마를 함께 넘겨온 저자가 이 모든 것을 차근차근 알려준다. 당사자들과 함께 회복의 길을 가고 있는 저자의 절절한 경험과 탄탄한 이론이 녹아든 이 책은 트라우마를 함께 넘어설 수 있게 해주는 귀한 동반자가 될 것이다.

채정호

• 서울성모병원 정신건강의학과 교수, 한국트라우마스트레스학회 창립회장

이 책은 고통의 실체를 마주하고 알 수 있게 해줌으로써 회복의 기나긴 여정에 함께 할 수 있도록 길을 알려주는 나침반 같은 역할을 한다. 각종 재난 현장에서 트라우마로 고생하고 계신 분들께 희망과 도움을 주셨던 센터장님의 생생한 경험과 증언들로 이루어진 현장교과서라고 말할 수 있겠다. 트라우마를 겪어내고 있는 수많은 사람들과 그들을 돕기 위해 고민하는 사람들이 읽어본다면 그 과정에 더할나위 없이 좋겠다.

강지은
• 4·16 세월호 참사 가족협의회

심민영 선생님은 국내 트라우마 현장의 총 지휘자다. 국가트라우마센터의 초대 센터장으로 그가 다양하게 경험하고 직접 만난 트라우마를 통하여 깨달은 지혜와 보석 같은 교훈을 책으로 엮었다. 심민영 선생님은 이 책에서 트라우마를 어쩔 수 없이 만나는 불청객이라 소개하면서, 그 불청객과의 만남을 어떻게 다룰지 현장에 기반한 이야기를 통해 쉽고 친절하게 안내해주고 있다.

4·16 유가족이 5·18 유가족을 만날 때 치유의 길이 열렸다는 그의 발견은, 진료실에 국한되지 않고 전체 사회로 확장된 관점을 전해준다. 이 책을 읽는 것 자체가 내가 살면서 만난 나의 트라우마를 치유하는 과정이었음을 고백한다.

김현수

• 명지병원 정신건강의학과 임상교수, 한국트라우마스트레스학회 이사장

프롤로그

재난 트라우마 업무를 시작하기 전의 저는, 재난이란 뉴스에서나 나오는 것이고 생사를 오가는 사건·사고는 나와는 관계없는 일이라고 생각하는 대책 없이 낙관적인 사람이었습니다.

그런 제가 올해로 11년째 국립정신건강센터에서 재난과 임상 현장에서 트라우마로 고통받고 있는 사람을 만나고 있습니다. 2013년 임시조직이었던 심리적 외상관리팀장, 심리적 위기지원단장을 거쳐 국가트라우마센터장으로 직함이 바뀌었지만 재난 트라우마 당사자를 돕는다는 본질은 변하지 않았습니다. 지금의 저는 삶의 유한함을 자주 생각하며 가족의 소중함과 인간이 갖고 있는 회복력의 경이로움을 알게 되었습니다. 트라우마를 마주하는 것은 눈물나게 치열했지만 그렇기 때문에 따뜻하고 충만했습니다.

지금 이 순간에도 어디선가 재난이 벌어지고 누군가는 인생의 위기에 처해있을 것입니다. 회피와 억압이라는 트라우마의 고유한 속성 때문에 트라우마로 인한 고통은 오랫동안 드러나지 않고 조용히 몸과 마음을 갉아먹습니다. 이 책은 아직도 트라우마의 그림자 속에서 고통받고 있는 사람들과 그들을 돕기 위해 고민하는 사람들에게 전하고 싶은 이야기를 담고 있습니다.

트라우마의 회복은 당사자들이 이루어냅니다. 저는 그들이 갔던 회복의 길을 지켜봤고 그것을 이 책을 통해 나누고자 합니다. 회복에 있어 가장 중요한 것은 트라우마를 정확하게 아는 것입니다. 이 책이 그들의 삶 속 어둠을 밝히는 작은 손전등이 되기를 기원합니다.

심 민영

차례

3장
트라우마 처방전이 바로 여기에 있다

4장
더불어 살아가는 우리에게 전하다

1장

트라우마가 도대체 무엇이길래

(1)

트라우마는 어떻게 형성되는 건가요

트라우마는 일상적인 범위에서 예측할 수 없는 끔찍하고 참혹한 속성을 갖는 사건을 말한다. 정신의학적 관점에서는 생명의 위협, 심각한 위해, 성적인 폭력과 관련한 사건으로 정의한다. 이는 우리가 인생에서 맞닥뜨리게 되는 가장 커다란 고통 중 하나이다. 나라마다 조금씩 차이를 보이지만 평생 한 번 이상 트라우마 사건을 경험하는 비율은 70~80%에 이른다. 게다가 한 번에 그치는 것이 아니라 두 번 이상 경험하는 비율이 더 높다. 이처럼 트라우마는 소수에게만 찾아오는 특별한 불운이 아니라, 누구나 살면서 한 번 이상 맞닥뜨리게 되는 인생의 불청객이다.

그러나 지금 당장 혹은 가까운 미래에 나를 포함한 내 주변에 참혹하고 비극적인 사건이 벌어질 것이라고 생각하는 사람은 없을 것이다. 우리는 안전이라는 착각을 가지고 살고 있다. 나의 하루는 무탈하게 지나갈 것이며, 나 자신과 내가 사랑하는 사람을 지킬 수 있다는 착각 말이다. 하지만 이것을 문제라고 할 수는 없다. 이러한 착각 덕분에 매일 두 발 뻗고 단잠에 들며 추호의 의심도 없이 내일이 존재한다고 믿고 미래를 꿈꾸고 계획하는 것이다. 매 순간 나와 내 가족의 안위를 불안해 하고 끊임없이 주변을 살펴야 한다면 한시도 마음 편할 수 없을 것이다. 그렇기 때문에 어느 날 갑자기 맞닥뜨린 트라우마는 뒤통수를 얻어맞은 것처럼 큰 충격으로 다가온다.

자신이 직접 사건을 겪는 것뿐만 아니라 사건을 목격하는 것도 트라우마 반응을 야기할 수 있다. 심지어 가까운 사람이 사건을 겪었다는 사실을 인지하는 것만으로도 트라우마 반응이 나타날 수 있다. 화재 진압 현장에서 동료가 낙하물에 맞아 즉사하는 장면을 목격한 소방관의 경우 그날 이후 죽음이 자신의 주변을 맴돌고 있는 느낌 때문에 한시도 편안함을 느끼지 못한다고 말했다. 자살로 생을 마감한 자녀를 목격하고 직접 수습한 어머니는 수시로 자녀의 마지막 모습이 떠오르는 플래시백을 겪고 있었다. 이렇듯 트라우마는 스트레스와 달리 간접적인 노출만으로도 직접 경험한 사람과 비슷한 정도의 충격을 야기할 수 있다.

뇌에는 주의와 운동을 담당하는 영역으로 거울 뉴런이 있는데, 이는 다른 개체의 행동과 감정을 인식하고 자신의 뇌에서도 비슷한 활동을 유발하는 신경세포이다. 상대방과 상호작용하며 공감이 일어나도록 하는 것이다. 우리는 고통을 가까이서 목격할 때, 특히 사랑하는 사람이 고통을 겪을 때 감정을 이입하며 함께 생생한 고통을 느낀다.

트라우마는 단순히 고통스러운 기억을 회상하는 것과는 다르다. 당사자에게 트라우마는 '지나간' 기억이 아니라 '지금 이 순간'에도 생생하게 재생되고 있는 실재이다. 그래서 주변에서 말하는 "다 끝난 일이잖아. 그만 잊어."라는 위로는 당사자의 마음에 닿지 않는다.

어떻게 과거의 사건이 현재 진행형일 수 있을까. 이것은 트라우마 기억이 갖는 독특한 구조 때문이다. 트라우마 기억 속에는 위협적인 가해자, 참혹한 현장, 부고를 전하는 비통한 목소리, 유족들의 오열, 냉혹한 조사 현장 등 강렬한 자극들이 들어있다. 이러한 자극들은 조각난 채로 흩어져 있다가 현재의 감각을 통해 생생하게 재생된다. 심장이 터질듯한 두근거림, 식은땀, 긴장감 등 고조된 신경생리적 반응은 수시로 전신을 휩쓸고 지나간다. 과거 당시에 속수무책으로 당했다는 무력감은 현재의 우울증으로 이어진다. 자책, 수치심, 억울함, 원망은 타인과 관계를 맺거나 일상생활을 할 때에도 영향을 준다. 이렇듯 트라우마는 오감으로 재생되며 내부 감각을 지배하는 불안정한 시한폭탄이다. 우리가 느끼는 몸과 마음의 고통은 여전히 트라우마의 영향에서 벗어나지 못했음을 상기시킨다. 미래는 더 이상 희망적으로 보이지 않는다. 간신히 위기에서 살아남았지만 정작 당사자는 이 고통을 끝내기 위해 죽음까지 생각하기도 한다.

이처럼 트라우마 기억은 위협이 되었던 자극, 감정과 신체의 반응, 그리고 이에 대한 해석으로 이루어진다. 위협적인 가해자나 참혹한 상황이 트라우마 자극에 해당한다. 공포, 수치심, 죄책감 같은 고통스러운 감정과 온몸을 휩쓸었던 강렬한 감각이 트라우마 반응이다. 그리고 트라우마 자극과 반응을 자신의 방식대로 해석하게 된다. 당시로서는 어쩔 수 없었다, 도저히 예측할 수 없었다, 그나마 다행이다, 도움을 준 사람들이 고맙다, 기지를 발휘했다 등등 다양한 해석과 의미를 부여한다.

트라우마 사건이 끝났다고 해도 트라우마 반응이 즉시 사라지는 것은 아니다. 유사한 상황에서 더 효과적으로 대처할 수 있도록 트라우마 기억을 프로그래밍하는 과정이 뒤따른다. 이해되지 않는 부분은 플래시백 *flashback* 이나 악몽의 형태로 반복 재생되고, 그 과정에서 미처 방출하지 못했던 감정을 쏟아내기도 한다. 행동적인 변화는 이 과정에서 나타난다. 트라우마를 연상시키는 자극을 피하며 적극적으로 안전을 추구하는 것이다. 이 모든 것은 충격을 소화하고 기억을 통합하기 위한 노력이다.

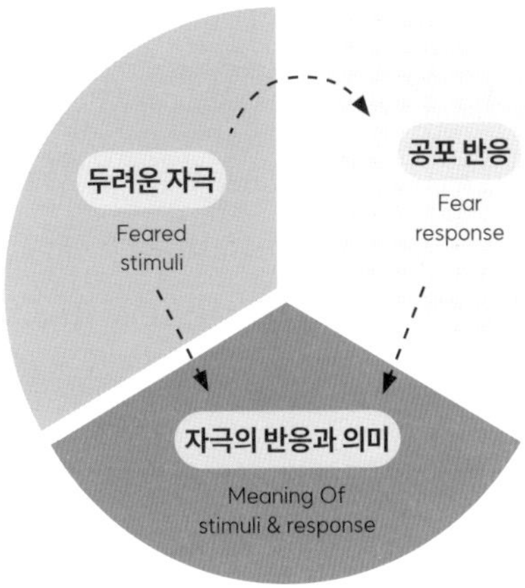

트라우마 사건 이후에 안전한 환경에서 주변 사람들로부터 공감과 위로를 받게 되면 회복의 과정이 원활해진다.

안전감을 바탕으로 조심스럽게 트라우마 기억을 탐색하며 분절된 기억들을 차근차근 이어붙이고 정리하여 자신에게 어떠한 일이 벌어졌는지 온전하게 사건 그 자체로 인식하게 된다. 당시의 상황과 자신의 몸과 마음에 나타났던 다양한 반응들을 이해할 수 있게 된다. 안전한 현재와 트라우마 기억이 분명히 대비되면서 트라우마 사건은 지나갔고 더 이상 위험은 존재하지 않는다는 믿음을 갖게 된다. 격렬한 감정과 반응은 점차 가라앉고 트라우마는 과거의 여러 기억 중 하나로 통합되며, 현재의 자각에서 차지하는 비중이 줄고 점점 흐려진다. 그러나 어떠한 이유로 트라우마 기억을 정리하고 통합하는 과정이 잘 진행되지 않는다면 트라우마 기억은 뒤섞인 자극들과 강렬한 반응, 그리고 자신과 세상에 대한 오해로 뒤틀린 채 트라우마 직후의 모습 그대로 굳어져 버린다. 이렇게도 트라우마 사건 경험자의 10~20%는 한 달이 지난 후에도 외상적 사건과 관련된 재경험과 회피 증상, 과각성 상태, 부정적인 정서와 인지 증상이 지속되는 **외상후 스트레스 장애** *Post Traumatic Stress Disorder, PTSD*를 겪게 된다.

(2)

트라우마의 종류에 따라 증상이 다른 걸까요

갑작스러운 사고와 재난, 범죄, 성폭행, 가까운 사람의 사망 등 상황과 형태는 다르지만 트라우마 사건들은 모두 생명과 안녕에 대한 위협이라는 공통된 속성을 갖고 있다. 뇌에서는 생존을 위해 비상 모드가 작동하는데 편도의 기능이 항진되고 자율신경계와 내분비계가 활성화되며 다양한 반응이 나타난다. 트라우마 사건은 공포, 불안, 좌절감 등 강렬한 정서적 반응뿐만 아니라 신체적, 인지적, 행동적 반응을 야기한다.

| 정서적 반응 |

» 불안, 우울	» 무감각
» 예민, 짜증	» 좌절에 대한 내성 부족
» 죄책감	» 자아도취, 지나친 자신감
» 수치심	» 생존자들에 대한 동일시

| 신체적 반응 |

» 불면, 악몽	» 눈가, 입가의 근육 떨림
» 통증(두통, 복통, 근·골격계 등)	» 생리주기의 변화
» 식욕 변화, 소화 불량	» 체중 변화
» 감기, 감염 등 면역력 저하	» 탈모
» 만성 피로	

| 인지적 반응 |

» 기억력 감소	» 새로운 생각에 대한 저항
» 사고의 속도와 이해 저하	» 경직된 사고
» 우선순위, 의사결정의 어려움	» 집중력 중력 부족
» 반복된 외상 사건 기억	

| 행동적 반응 |

» 외상 사건을 연상시키는 상황 회피	» 알코올, 약물 사용 증가
» 위축된 대인관계	» 잦은 지각, 업무 회피
» 활동 감소	» 분노 폭발, 잦은 다툼

| 영적 반응 |

» 자신감 상실	» 소외감
» 의미 상실	» 가치관의 변화
» 회의감	

출처: 재난정신건강 위기대응 표준매뉴얼 (국가트라우마센터)

트라우마 사건을 겪은 후 다음 네 가지 특징적인 증상을 보인다면 외상후 스트레스 장애를 의심할 수 있다.

첫째, 트라우마 사건과 관련한 고통스러운 기억을 재경험하는 것이다. 사건에 대한 고통스러운 기억이 의도치 않게 자꾸 떠오르거나 꿈으로 나타난다. 사건을 연상시키는 단서를 접하면 그 사건이 지금 일어나고 있는 것 같은 착각이 들거나 강렬한 심리적 또는 생리적 반응이 나타난다.

둘째, 트라우마 사건에 대한 생각, 감정, 감각 또는 트라우마 사건을 연상시키는 단서를 회피한다.

셋째, 과민해져서 주변을 살피거나 과도한 각성 상태를 보인다. 쉽게 놀라거나 화를 내고 주의집중을 못하거나 수면에 어려움을 겪는다.

넷째, 기분 또는 인지에 변화가 생긴다. 자신과 타인 또는 세상을 부정적으로 바라보고 외상 사건과 관련해서 과도한 자책을 한다. 공포와 분노와 같은 부정적인 감정이 만연할 뿐 아니라 긍정적인 감정을 쉬이 느끼지 못한다. 평소 즐겼던 활동들에도 흥미를 잃고 다른 사람들과 멀어지고 소외된 느낌을 받기도 한다. 머리를 다치지 않았음에도 불구하고 트라우마 사건의 중요한 부분을 기억하지 못하는 경우도 있다.

살면서 두려웠던 경험, 끔찍했던 경험, 힘들었던 경험, 그 어떤 것이라도 있다면, 지난 한 달 동안 다음을 경험한 적이 있습니까?

		아니오	예
1	그 경험에 관한 악몽을 꾸거나, 생각하고 싶지 않은데도 그 경험이 떠오른 적이 있었다.	0	1
2	그 경험에 대해 생각하지 않으려고 애쓰거나, 그 경험을 떠오르게 하는 상황을 피하기 위해 특별히 노력하였다.	0	1
3	늘 주변을 살피고 경계하거나, 쉽게 놀라게 되었다.	0	1
4	다른 사람, 일상 활동 또는 주변 상황에 대해 가졌던 느낌이 없어지거나, 그것에 대해 멀어진 느낌이 들었다.	0	1
5	그 사건이나 그 사건으로 인해 생긴 문제에 대해 죄책감을 느끼거나, 자기 자신이나 다른 사람에 대한 원망을 멈출 수가 없다.	0	1
	합 계		**점**

*Source: National Center for PTSD(PTSD Consultaion Program) (PC-PTSD-5)

정상 (총점 0~1점)	일상생활 적응에 지장을 초래할만한 외상 사건 경험이나 이와 관련된 인지적, 정서적, 행동적 문제를 거의 보고하지 않았습니다.
주의 요망 (총점 2점)	외상 사건과 관련된 반응으로 불편감을 호소하고 있습니다. 평소보다 일상생활에 적응하는 데 어려움을 느끼신다면 추가적인 평가나 정신건강 전문가의 도움을 받아보시길 권해 드립니다.
심한 수준 (총점 3~5점)	외상 사건과 관련된 반응으로 심한 불편감을 호소하고 있습니다. 평소보다 일상생활에 적응하는 데 어려움을 느낄 수 있습니다. 추가적인 평가나 정신건강 전문가의 도움을 받아보시기를 권해드립니다.

DSM-5 기준 일차진료 외상후 스트레스 장애 선별검사 (The Primary Care PTSD Screen fro DSM-5, PC-PTSD-5), 출처: 국가트라우마센터 마음건강안내서

트라우마 사건 중에서도 대인간 트라우마, 특히 부모, 자녀, 배우자, 애인과 같이 가까운 대상으로부터 가해지는 폭력, 학대, 방임은 당사자의 정체성에 심각한 위해를 끼친다. 이런 사건은 대개 한 번으로 끝나기보다 오랜 시간 지속적, 반복적으로 발생하는 경우가 많다. 아동기 학대나 가정폭력, 전쟁 포로처럼 피하기 어려운 상태에서 장기간에 걸쳐 벌어지는 대인간 폭력을 **복합 트라우마** *complex trauma* 라고 한다. 국제질병분류 11차 개정판(ICD-11)에서는 복합 트라우마에 의한 외상후 스트레스 장애를 기존의 외상후 스트레스 장애와 구분되는 독립된 질환으로 채택하였다. 복합 트라우마의 가장 큰 특징은 만성적이고 반복적인 트라우마의 결과로 자기 개념이 손상된다는 것이다. 이는 감정조절의 어려움, 정체성 혼란, 대인관계의 어려움의 형태로 나타난다. 감정을 세부적으로 이해하고 명명하는 데 어려움이 있어 '좋은' 감정과 '나쁜' 감정으로만 구분하는 경향을 보인다. 내적 조절 역량이 손상되어 경미한 스트레스에도 폭발적으로 반응하고 술과 약물을 통해 고통을 차단하려 하거나 자해, 약물 남용, 식이장애 등 자기 파괴적인 행동을 보이기도 한다. 이러한 조절 능력의 손상은 수치심을 불러일으키며 스스로를 무가치하고 결함이 있는 실패자로 인식한다. 자신에게 벌어진 만성적인 폭력과 학대를 이해하기 위해서 이들은 자신에게서 원인을 찾으려고 한다. 자기 비난과 자기 처벌이 만연하면서 자존감이 저하된다. 스스로에 대한 부적절감에 대처하는 과정에서 대인관계 방식이 왜곡된다. 다른 사람을 신뢰하기 어려워 친밀한 관계를 피하며 과도하게 공격적으로 대하기도 한다. 상당수는 트라우마 기억을 의식 수준에서 분리하는 해리 증상을 보인다. 이런 모습으로 볼 때, 트라우마 사건은 외상후 스트레스 장애뿐 아니라 우울증, 불안 장애, 신체화 장애 등 여러 질환을 일으키며 낮은 자존감, 자해행동, 대인관계의 어려움 등의 문제와 연관된다. 특히 생애 초기의 트라우마 경험은 우울증의 발병률을 3~4배 증가시키고, 자살 시도의 위험성도 2~5배 증가시킨다.

일상에서 비교적 자주 접하는 사건 중에서 위협적이지는 않지만 감당할 수 있는 정도를 넘어서 상당한 수준의 고통을 초래하는 사건들이 있다. 예를 들면 학창 시절의 따돌림, 미세한 차별과 모욕, 사람들 앞에서 망신을 당한 것, 상사와의 갈등, 사랑하는 사람과의 이별 등 주로 자존감을 떨어뜨리거나 수치심을 일으켰던 사건이 있다. 일각에서는 이것을 전통적인 트라우마와 구분하여 **스몰 트라우마***small trauma*라고 부르기도 한다. 현재의 진단 분류 체계에서는 스몰 트라우마는 외상후 스트레스 장애에 해당하지 않는다. 그러나 작고 일상적인 상처도 반복되고 누적되면 몸과 마음에 깊은 상흔을 남긴다. 심지어 **빅 트라우마** *big trauma* 못지않은 심각한 고통과 일상생활에 어려움으로 이어질 수 있다. 이유 없는 불안과 긴장, 낮은 자존감, 무기력, 만성적인 신체 증상이 있을 때 스몰 트라우마의 가능성을 고려해 볼 수 있다.

집단 트라우마는 개인이 아닌 공동체 또는 사회 전체에 심리적 충격을 유발할 정도로 규모가 큰 사건을 말한다. 대형 재난, 전쟁, 테러, 인종학살 등이 이에 해당한다. 홀로코스트 *Holocaust*는 가장 잘 알려진 집단 트라우마 중 하나로 역사와 인류에 지울 수 없는 흔적을 남겼다. 2011년 뉴욕에서 발생한 9·11 테러 역시 미국 전역뿐 아니라 전 세계를 충격에 빠지게 했다. 2015년 국내의 한 언론사가 광복 이후 가장 충격적인 사건을 조사한 결과 한국전쟁, 4·16 세월호 참사, 5·18 광주민주화운동이 높은 순위를 차지하였다. 집단 구성원들은 사건을 직접 겪거나 미디어 혹은 주변인을 통해 간접적으로 사건을 경험한다. 이러한 과정을 통해 집단 혹은 사회를 관통하는 공통의 충격과 상처가 형성된다. 집단 구성원들은 불안, 경계심의 증가, 폭력적인 행동의 증가, 사회적 관계의 손상을 보인다. 또한 집단적인 분노, 두려움, 무력감, 절망감은 대규모 시위 등 집단적인 행동을 야기하기도 한다. 일부에서는 집단 트라우마에 대한 대처 수단으로 종교나 신앙 체계에 의존하기도 한다. 반면에 긍정적인 측면을 보이는 경우도 있다. 공동체의 단결력이 강화되고 공통의 어려움을 경험한 사람들 간의 이해와 상호 지지가 증가하는 경우이다. 또 구조적 문제점을 분명히 하면서 정책과 제도의 개선을 이룰 때 집단의 위기 대응 능력이 향상될 수 있다.

(3)

우리의 몸에 어떻게 영향을 미치나요

인생은 예측 불가능하고 때로는 어려움과 고통을 동반하는 여정이다. 우리가 인생을 살아가는 도중에 크고 작은 사건이 발생한다. 학업에 대한 고민, 주변인들과의 갈등과 같은 부정적인 것도 있지만 연인을 만나고 승진을 하는 등의 긍정적인 사건도 있다. 긍정적이든 부정적이든 일상에서 모든 변화는 스트레스가 된다. 심지어 계절이 바뀌는 것, 미세먼지가 심한 날씨, 소음이 심한 곳과 같은 물리적인 변화도 인체에는 스트레스로 작용한다. 인체는 변화에 적절하게 대응하기 위해 심혈관계, 내분비계, 면역계, 근골격계 등 각종 시스템을 가동한다. 심장이 빨리 뛰고 호흡이 가빠지며 말초 혈관은 수축한다. 스트레스 호르몬이 분비되고 면역 기능은 떨어지며 근육은 수축되어 언제든 필요한 동작을 취할 수 있게 만든다.

스티븐 W. 포지스*Stephen W. Porges*는 『다미주 이론*polyvagal theory*』을 통해 안전하고 친근한 상태에서는 배쪽 미주신경이 활성화되면서 긍정적인 상호작용, 몸과 마음의 통합과 균형이 이루어진다고 하였다. 그러나 생명과 안전의 위협이 감지될 때 인체는 위협에 대응하고 생명을 보호하기 위해 비상 반응 체계를 가동한다. 위협에 맞서기 위해 교감신경계를 최대치로 활성화시키며 투쟁-도피 반응*fight or flight*을 이끌어낸다. 이때 심장이 터질 것처럼 두근거리고 호흡이 턱 밑까지 차며 가슴이 조여 오며, 머리와 뒷목이 뻣뻣하고 명치가 조여 오며, 복부에서는 휘몰아치는 감각이 느껴진다. 양쪽 팔이 저리고 다리는 움찔거리며 움직이고 싶은 욕구가 든다. 이것은 모두 교감신경의 활성화에 따른 과각성 반응이다. 우리가 위협과 싸우거나 도망치는 데 필요한 반응이다. 이는 흡사 자동차를 운전할 때 엑셀을 밟는 것과 같다. 해결되지 않은 트라우마는 신체를 과도한 경계 상태로 머물게 한다. 투쟁-도피 반응을 지휘하는 편도체는 교감신경계와 시상하부-뇌하수체-부신 축을 자극하여 아드레날린을 분비시키고 잦은 코르티솔 폭발 끝에 만성적으로 낮은 수준의 코르티솔을 가져온다. 자율신경계와 내분비계의 교란은 혈압을 요동치게 하며 혈당 불균형을 가져오고 면역력을 떨어뜨린다.

투쟁-도피 반응이 효과적이지 않을 때, 급격히 각성도가 떨어지는 저각성 상태에 접어든다. 감각이 결여되고 집중력과 사고력 등 인지기능이 떨어지며 멍하고 동떨어져 있는 느낌이 든다. 감정적으로도 느껴지는 것이 없고 신체적인 움직임도 현저히 감소하며 갇혀있다고 느끼게 된다. 이것은 등쪽 미주신경계가 활성화되면서 나타나는 동결 반응이다. 브레이크를 밟아 차를 세우듯이 싸우거나 도망치지 못하는 상태에서 그대로 멈춰 얼어붙는 것이다. 몸 전체의 대사 작용이 감소하며 심장이 멎었다고 느낄 정도로 심장 박동수가 떨어진다. 이는 체내의 자원을 우선적으로 생존에 사용하기 위한 것이다. 따라서 동결 반응 역시 생존을 위한 방어 기능으로 이해할 수 있다. 포유류의 동결 반응은 포식자에게 인식되지 않아 살아남을 기회가 높아지며 동결 반응 중에 에너지를 절약하고 현재 상황과 위험을 평가하는 시간을 가질 수 있다. 상황이 급박해지면 동결에서 벗어서 빠르게 도망치거나 대응할 수 있도록 하는 것이다.

트라우마에 대한 반응으로 교감신경계의 활성에 따른 과각성 반응과 등쪽 미주신경계의 활성에 따른 저각성 반응이 모두 나타날 수 있으며 어떤 경우는 동시에 나타나기도 한다. 한 발은 엑셀 위에 올려놓고 다른 한 발은 브레이크에 올려놓은 채 동시에 페달을 밟거나 쉴 새 없이 번갈아 밟는다면 생리적 반응이 교란되고 신경계와 내분비계의 대응 능력은 빠르게 고갈될 것이다. 분노, 무력감과 같은 감정적 어려움뿐만 아니라 집중력과 기억력 저하, 불면, 통증, 소화기 장애, 심혈관 장애, 면역계 이상 등 인지적, 신체적 부작용도 흔히 나타난다.

신경생리적 기능 부전이 만성화되면 신체 질환으로 이어질 수 있다. 미국의 밥 안다*Bob Anda* 박사와 빈스 펠리티*Vince Felitti* 박사는 17,000명을 대상으로 18세 이전에 학대나 방임, 가정폭력, 부모의 이혼이나 별거 등 아동기의 부정적인 경험을 조사하였다(ACE study). 성인 3명 중 2명은 아동기에 1개 이상의 트라우마 사건을 경험했는데 경험한 트라우마 사건의 수와 비례하여 신체 질환의 위험이 증가하는 것으로 나타났다. 특히 4개 이상의 트라우마 사건을 경험한 경우 심장병, 암, 자가면역 질환에 걸릴 가능성이 2배 증가했으며 만성 폐쇄성 폐 질환의 위험은 3.9배 높아졌다. 7개 이상의 사건을 경험한 경우 폐암의 가능성이 3배 증가했으며 허혈성 심장 질환의 가능성은 3.5배 높아졌다. 이처럼 너무 강한 스트레스에 빈번하게 노출되면 우리 몸의 스트레스 반응

체계가 정상적으로 작동하지 못하고 자율신경계, 내분비계, 면역계까지 문제를 일으켜 질병을 일으킬 수 있다.

트라우마는 다른 방식으로 신체 증상을 일으킬 수 있다. 뚜렷한 질환이 없는데 만성적인 통증이나 소화기 장애 등 신체 증상을 보이는 경우이다. 신체적 증상으로 병원을 찾는 사람 중 적어도 1/3이 의학적으로 설명하거나 구분할 수 없다는 진단을 받는다. 실제 신체 질병과 관련된 경우는 50~60%에 불과하다. 나머지는 신체에는 이상이 없음에도 불구하고 신체 증상을 호소한다는 것이다.

이렇듯 신체화는 정서적 스트레스나 심리적 어려움이 신체 증상으로 경험되는 것이다. 가장 대표적인 원인이 자신의 감정과 욕구를 명확히 인식하지 못하는 감정표현불능증*alexithymia*이다. 어린 시절 트라우마는 정서 발달을 막고, 청소년기와 성인기의 트라우마는 정서 퇴행을 유발하여 감정을 인식하는 데 어려움을 겪는다. 분명히 화가 나 보이는데 자신은 화가 나지 않았다고 말하며, 눈물을 쏟으면서도 무슨 감정인지 잘 모르겠다고 말한다.

트라우마 경험자들의 뇌영상 연구에서 섬엽*insula*의 활성도 변화가 보고되었다. 섬엽은 뇌의 바깥쪽 틈새 깊숙이 위치한 '섬' 모양의 구조물로, 신체 내부의 감각신호를 받아서 뇌의 여러 부위로 전송하는 역할을 한다. 또한 시상으로부터 오감신호를 받아들이고 편도체로부터 감정과 관련한 신호를 받아서 다시 내보낸다. 이렇듯 섬엽은 내부 상태에 대한 정보를 외부 감각들과 통합하고 해석하는 데 중요한 역할을 하는데, 트라우마 경험자들은 섬엽의 이상으로 인해 신체 감각을 인식하는 데 어려움을 겪게 된다. 그러나 신체적 반응까지 아예 없는 것은 아니기 때문에 이들은 분노나 슬픔 대신 두통, 복부, 등, 골반의 통증, 과민성 대장증후군, 모호한 신체 증상으로 경험하는 것이다.

(4)

왜 시간이 흘러도 우리를 끊임없이 괴롭힐까요

트라우마의 영향은 대개 1~2년 안에 크게 줄어든다. 이러한 회복이 쉽게 얻어지는 것은 아니다. 공포, 죄책감, 분노, 수치심과 같은 강렬한 감정과 온몸에 각인된 기억의 파편은 그리 호락호락하지 않다. 내면에서는 맥락을 알 수 없는 비극을 이해하기 위해 치열한 고군분투가 벌어진다. 그러나 시간이 지나면서 점차 몸과 마음을 송두리째 뒤흔들었던 강렬한 반응이 가라앉고, 조금씩 자신감을 되찾게 된다. 용기 있는 시도를 통해 긍정적인 경험을 하는 선순환이 시작되는 것이다. 트라우마 경험자의 80% 이상은 유의한 영향을 받지 않거나 회복의 경과를 보여 안정을 되찾는다. 그러나 불행히도 모두가 트라우마를 이겨내는 것은 아니다. 10% 가량은 회복이 되지 않으며, 5~10%는 사건 직후에는 괜찮다가 수개월 후에 외상후 스트레스 장애 증상이 나타나는 지연성 발병의 경과를 보인다.

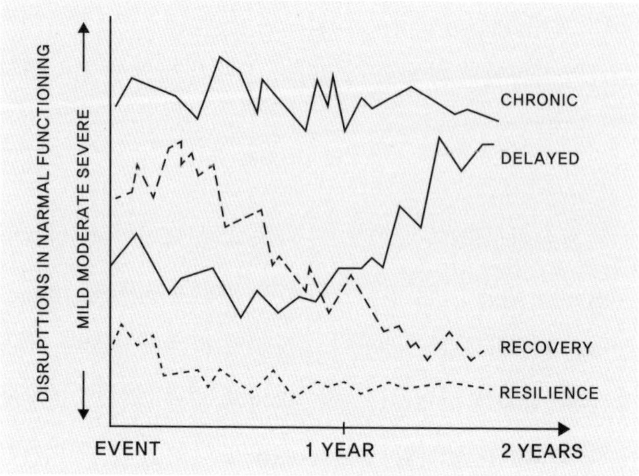

Loss, Trauma, and Human Resilience : Have We Underestimated the Human Capacity to Thrive After Extremely Aversive Events?, George A. Bonanno, Psychological Trauma: Theory, Research, Practice, and Policy, 2008 (1) 101-113

트라우마 회복에 영향을 미치는 요인은 다양하다. 우선, 트라우마 **사건의 유형**에 따라서 경과에 차이를 보이는데 대인간 폭력은 더욱 심각하고 장기적인 문제를 유발한다. 대인간 폭력 사건은 재난이나 교통사고 보다 최대 4배 이상 외상후 스트레스 증상을 많이 일으킨다.

Kessler(1995)에 따르면 교통사고, 자연재해, 사건의 목격으로 인한 외상후 스트레스 장애 유병률은 5~9%인 것에 비해서, 강간, 신체 학대, 성 학대, 폭력적 공격 행위로 인한 외상후 스트레스 장애 유병률은 21~49%에서 달했다. 성폭력은 남성과 여성 모두에서 외상후 스트레스 장애를 가장 많이 일으키는 트라우마 사건으로 피해 남성의 65%, 피해 여성의 46%에서 외상후 스트레스 장애가 발생한다고 조사된 바 있다.

트라우마 **사건의 심각도** 역시 중요한 요인이다. 심각한 부상이나 피해를 입거나 트라우마 사건에 노출된 정도가 클 때 이와 비례하여 증상의 심각도가 증가한다. 지진의 경우 진앙지와 가까울수록 외상후 스트레스 증상의 중증도가 증가하며 폭탄 테러 사건에서는 현장에 노출된 시간과 증상의 중증도가 비례하였다. 티브이 등 미디어에 의한 간접 트라우마도 노출 시간에 따라 영향이 더 커지는 것으로 나타났다.

객관적인 사건의 심각도뿐만 아니라 **사건에 대한 주관적인 인식** 역시 증상에 영향을 미친다. 사건을 더 위협적으로 받아들일수록 외상후 스트레스 장애로 발전할 가능성이 높았으며, 교통사고로 인한 후유증에 대해 더 부정적으로 해석할수록 외상후 스트레스 증상이 심한 것으로 나타났다. 연구에 따르면 객관적인 사건의 심각도보다 본인이 지각한 위협감이 외상후 스트레스 장애 발병에 더 중요한 작용을 하는 것으로 보인다.

사고 이전에 정신 질환의 기왕력이 있거나 다른 트라우마 사건을 경험한 적이 있다면 외상후 스트레스 장애로 이행할 위험이 높아진다. 이전의 트라우마 사건과 전혀 다른 유형의 사건에 대해서도 재외상화가 일어날 수 있다. 특히 아동기의 신체적, 성적 학대는 성인기에 만성적인 외상후 스트레스 장애의 위험을 높인다. 외상후 스트레스 장애로 고통 받는 사람 가운데 26%가 아동기 학대를 경험했다고 보고되기도 하였다.

사회적 지지 체계는 트라우마로 인한 충격을 이겨내는 데 가장 중요한 자원이다. 그렇기 때문에 충격을 털어놓고 위로를 받을 안전한 관계가 없는 경우 회복에 어려움을 겪기 쉽다. 힘겹게 가정을 꾸려나가는 부모를 둔 자녀들은 부모에게 더 이상의 짐을 지우기 싫다는 마음에서 입을 다문다. 소통이 일방적이거나 비난하는 가족을 둔 경우도 여기에 해당한다. 어차피 말해봤자 이해받지 못할뿐더러 혼만 나고 마음의 상처가 깊어질 것이라는 생각 때문에 차라리 스스로 동굴 속에 들어가는 것을 선택한다. 사망한 사람과 너무나 의존적인 관계라든지 애증이 공존하는 양가적인 관계일 때 애도 과정이 순탄하지 않은 경우가 많다.

트라우마 사건 이후에 벌어지는 여러 가지 스트레스 요인도 회복에 영향을 미친다. 사건을 수습하고 복구하는 과정에서 이차 가해가 발생할 때 다시 증상이 악화되는 경우를 많이 보게 된다. 경찰 조사를 받다가, 재판 과정에서 상대방 변호사로부터 적극적으로 저항하지 않았다든지, 당신도 동의한 것 아니냐며 모욕을 당하고 나면 자책이 심해지다 못해 자신을 혐오하게 되어 자해와 자살 사고를 보이는 경우도 있다. 주변의 반응도 마찬가지이다. 용기를 내어 직장에 복귀했을 때 호기심 어린 시선으로 비슷한 질문을 반복하는 동료들을 보며 아무에게도 이해받지 못한다는 외로움과 고립감이 더욱 깊어진다. 사건의 수습 과정에서 여러 기관으로부터 조사를 받고 복잡한 배·보상 절차를 밟으며, 지루한 재판 과정을 겪으면서 트라우마가 계속 상기될 때 회복에 부정적인 영향을 받게 된다.

2장

트라우마는 어떻게 우리의 삶에 스며들까

TRAUMA

(1)

“이런 일은 남의 얘기인 줄만 알았어요.”

샌프란시스코 아시아나 항공기 추락 사고

2013년 국립서울병원에 공공정신보건 사업단이 출범하였다. 기존의 서비스 체계로는 대응하기 어려운 정신건강 문제를 다루기 위해서였다. 지금의 국가트라우마센터의 모태가 된 심리적 외상관리팀도 사업단에 속해 있었다. 나는 외래와 병동에서 만성 정신 질환자를 치료하고 있었는데 느닷없이 심리적 외상관리팀을 맡게 되었다. 전임의 시절 외상후 스트레스 장애*PTSD* 연구에 참여한 이력 때문이었다. 재난은 우리가 준비되기를 기다려 주지 않을 것이므로 팀원들에 대한 교육이 급선무였고 그러기 위해서는 나부터 지식을 탑재해야 했다. 당장 교과서를 펼쳐 PTSD 증상과 치료를 복기하고 국내·외 자료들을 뒤져 재난 심리지원에 대한 정보를 긁어모았다. 현장에 출동할 때 신분을 명시할 수 있는 조끼와 명찰을 맞추고 혈압계 등 출동 가방도 갖췄다. 자료를 검토하며 지난 10년간 태풍, 구제역, 화재, 붕괴 사고 등 굵직한 재난이 매년 벌어졌다는 걸을 알 수 있었다. 그러나 이러한 객관적인 사실과는 상관없이 내 마음속에서는 여전히 재난은 아주 드물게 벌어지는, 특별한 사건이라는 생각은 변하지 않았다. 나는 재난에 대비하고 있었지만 동시에 재난이 가까운 시일 안에 벌어지지는 않을 것이라고 믿고 있었다.

그러나 나의 비현실적인 바람은 그리 오래가지 못했다. 2013년 7월, 샌프란시스코 공항에서 **아시아나 항공기 추락 사고**가 발생한 것이다. 300여 명이 탑승한 여객기가 착륙 중 활주로 앞 방파제에 충돌했다. 3명의 사망자와 다수의 부상자가 발생했는데 항공기 추락 사고로 통상 수백 명의 사상자가 발생한다는 점에서 나는 피해가 그 정도에 그친 것이 천만다행이라고 생각했다.

심리지원이 의뢰된 대상자들은 부상을 입고 병원에 입원해 있다고 했다. 치명적인 부상은 아니라고도 했다. 병원으로 이동하면서 나는 내심 비행기 사고에서 그만한 부상을 입었으니 다들 다행이라 생각하고 있을 것이라고 추측했다.

동행한 팀원들도 비슷한 생각이었다. 나는 속으로 당장 펼쳐질 상황을 그려보았다. 그분들의 심리 상태는 매우 안정적이어서 우리의 서비스를 필요로 하지 않을 수도 있다, 그렇지만 가이드라인대로 우선 정신건강 상태를 평가하고, PTSD를 포함한 정신건강 관리에 대해 교육하면 되겠다, 이런 계획이었다. 그러나 곧 내가 맞닥뜨린 상황은 이와는 전혀 달랐다.

“나더러 얼마나 운이 좋으냐고 하는 사람들을 보면 화가 나서 참을 수가 없어요.”

나는 방금 전까지 인사랍시고 입 밖으로 뱉으려던 말을 꿀꺽 삼키며 다음 말을 기다렸다.

“어렵게 계획한 가족여행이었어요. 그런데 사고로 인해 금전적인 손해도 크고, 식구들이 골절, 근육 파열 등 심한 부상을 입었어요. 자동차 사고만 해도 후유증이 남을 수 있다고 하잖아요. 이번 사고로 후유증이 얼마나 심할지 걱정이에요. 식구들이 모두 충격을 심하게 받았고, 당분간 일상생활도 어려울 것 같아요. 나라도 정신을 차려야 할 것 같아서 억지로 힘을 내고 있는데 계속 악몽을 꾸고 잠을 못자요.”

한숨을 몰아쉬며 힘을 주어 말하고 있는 여성은 전혀 괜찮아 보이지 않았다. 다른 가족들의 상황은 그보다 더 좋지 않았다. 그들에게 죽음의 공포에 사로잡혔던 순간은 과거가 아니라 현재 진행형이었다. 비행기가 요동치던 장면이 고장 난 비디오 테이프처럼 시도 때도 없이 재생되며 머릿속을 헤집었다. 눈을 감았다가 뜨면 샌프란시스코였다가 다시 눈을 감았다가 뜨면 인천이었다가 어느 순간에는 병원에 있는 자신을 발견했다. 모든 게 뒤죽박죽이고 혼란스러웠다. 깨어 있는 동안 가족들에게 뭔가 나쁜 일이 생길 것 같은 두려움에 사로잡혔다. 주변의 모든 상황, 모든 인물이 위험해 보였다. 잠시도 편안할 수 없는 나날이 이어지면서 몸과 마음이 급격히 피폐해졌다. 다시는 원래의 자신으로 돌아갈 수 없을 것 같고, 인생이 원래의 궤도에서 벗어났다는 생각에 절망감과 무력감에 사로잡혔다.

간이로 시행한 정신건강 평가 결과에서 트라우마 증상이 심각한 상태로 나타났다. 모든 것을 종합해 볼 때, 당사자들에게 이 사고는 결코 다행스러운 것이 아니었다. 나는 제3자의 편견과 선입관이 그들을 얼마나 외롭고 분노하게 할 수 있는지 절절히 깨달았다.

당사자가 처한 상황에 대한 충분한 이해가 없는 섣부른

위로는 마음에 닿지 못했고 오히려 이해받지 못한다는 외로움을 증폭시켰다. 이 세상에서 자신만이 불행한 것 같고 구경꾼들의 호기심은 당사자를 고독과 분노의 늪으로 밀어 넣었다. 같은 사고 현장에서도 사람들은 자신의 서사를 바탕으로 각기 고유한 경험을 했다. 사람들이 겪는 고통의 색깔과 정도는 제각각이었고, 따라서 필요로 하는 것도 달랐다. 우리가 해야 할 일은 그저 당사자를 옹호하는 마음으로 그들의 상황을 주의 깊게 듣고 고통을 이해하려 노력하며, 한발 앞서 그들의 필요를 예측하고 적극적으로 지원하는 것이었다. 다행히 내가 만난 승객들의 대부분은 그 뒤로 빠르게 회복했다. 예상을 뛰어넘는 극심한 트라우마 반응에 충격을 받았던 것처럼 그들의 회복 속도는 나에게 또 다른 의미에서 인상적이었다. 사람 안에 있는 회복력은 트라우마 반응을 뛰어넘을 만큼 강력했다.

세월호 침몰 사고

2014년 4월 15일, 나는 제주도에 머물고 있었다. PTSD 연구회 워크숍에 참가하기 위해서였다. 그 당시 트라우마를 전공으로 하는 정신건강의학과 전문의들은 많지 않았다. 그러다 보니 분기마다 트라우마에 대한 최신 지견과 치료

경험을 나누는 모임은 기다려지는 연례행사였다. 워크숍이 시작하길 기다리며 주변을 돌아보는데 탁 트인 바다가 한눈에 들어왔다. 드넓은 바다는 파도 한 점 없이 잔잔했다. 넋을 잃고 한참을 바라보니 저절로 망망대해라는 단어가 떠올랐다. 고요하고 평온한 순간이었다. 곧 바쁜 일상에 묻혀 잊혀질 것을 아쉬워하며 그 순간을 만끽했다. 그러나 그날의 고요함은 이튿날 벌어진 엄청난 재난과 강렬한 대조를 이루며 나의 뇌리에 선명하게 각인되었다.

세월호가 가라앉은 다음 날인 4월 17일, 배에서 구조된 학생과 유가족에 대한 심리지원을 위해 안산에서 관계자 회의가 소집이 되었다. 나는 수백 명이라는 피해 규모에 압도되었고 내가 해야 할 일들을 머릿속에 정리하느라 인간적인 슬픔을 느낄 겨를도 없었다. 전국에서 자원봉사자가 안산으로 모여들었다. 아무런 대가도 바라지 않는 전문가들이 자발적으로 현장을 찾았다. 사람들의 선의는 끝이 없었다. 그러나 선의만으로 현장에 도움이 되는 것은 아니었다. 준비 없이 마음만 앞선 자원봉사자는 되려 피해자에게 상처를 입히고 본인도 대리 외상과 소진에 빠질 수 있기 때문이다. 나는 2주간 거의 매일 보건소와 공공기관에서 재난 심리지원의 기본 원칙과 주의 사항, 소진 예방에 대한 교육을 시행했다. 교육을 받은 사람만 2,000명에 달했다. 현장에서 서로 다른 목소리를 내어 혼란을 야기하지 않기 위한 최소한의 노력이었다.

상담 현장은 그 전까지 접해보지 못한 강렬한 비통함과 충격, 혼란으로 넘쳐났다. 가족들은 진도에서 아이의 사체를 빨리 찾아서 집으로 돌아 올 수 있다면 그나마 다행이라고 말했다. 시간이 갈수록 사체의 훼손 정도가 심해졌고 가족들은 그 모습을 보고 까무러쳤다. 아이들을 찾기 위해 쉴 새 없이 바다속을 오고갔던 잠수사들 역시 트라우마에서 자유롭지 않았다. 현장을 지켰던 소방공무원도 마찬가지였다. 수십 년 동안 참사 현장을 누볐던 그들한테도 세월호 현장은 충격과 고통이었다. 아이들이 얼마나 무섭고 고통스러웠을까, 자연스러운 감정 이입은 뜻하지 않게 부메랑이 되어 스스로에게 생채기를 내었다. 유가족의 통곡도 현장에 있었던 사람들의 귓가에 맴돌았다. 가슴이 에이는 듯한 고통은 고스란히 전달이 되었고 전신의 신경계가 자극되었다. 비슷한 트라우마 경험이 있다면 그 영향은 배가 되었다. 현장에서 구조된 사람들뿐 아니라 사고 수습을 위해 파견되었던 소방공무원들까지 끔찍한 현장 장면이 끊임없이 떠오르고 사고와 위험에 대한 민감도가 증가하며 과각성 상태가 지속되는 외상후 스트레스 장애나 우울증으로 고통받았다.

“이런 일은 남의 얘기인 줄만 알았어요.”

재난 상담을 할 때 가장 많이 듣는 말이다. 해마다 중규모 이상의 재난이 10여 차례 이상 발생하고 인명피해가 300명이 넘는다는 것을 알고 있지만 나 역시 재난이 내게도 벌어질 수 있다는 사실을 자주 망각한다. 우리는 안전이라는 착각과 환상을 갖고 살고 있다. 내가 있는 곳이 충분히 안전하고, 위험으로부터 자신과 사랑하는 사람을 지킬 수 있다는 착각 말이다. 엄밀히 말해서 이것은 진실이 아니지만 이러한 착각은 우리 삶에 일정 부분 필요하기도 하다. 그런 착각 덕분에 우리는 안정감과 자신감을 갖고 편안하게 일상을 누릴 수 있기 때문이다.

(2)

"'감염병 전파자' 취급이 가장 상처로 남았어요."

메르스 유행

대형 재난이 발생하면 미디어는 참혹한 현장, 하필 그 장소에 있게 되었던 안타까운 사연, 남은 가족의 절절한 고통을 세세하게 보도한다. 그러면 소식을 접한 사람들은 피해자와 유가족에게 안쓰러운 마음을 느끼고 회복을 응원하게 된다.

사람들의 뇌는 거울 뉴론을 통해 연결된다. 타인에 대한 정확한 이해 없이도 감정이 전달되어 상대의 고통을 비슷하게나마 느낄 수 있다. 공동체 구성원들의 마음이 공명하고 서로 동조*synchrony*된다. 거울 뉴론은 이해, 협력, 이타주의를 가능하게 하고 결과적으로 공동체의 결속과 유지에 기여한다. 사회 구성원들은 비극적인 사건을 겪은 사람들을 향해 조건 없는 응원과 지지를 보낸다. 이는 두말 할 필요 없이 당사자들의 회복에 큰 힘이 된다. 그러나 감염병은 피해자가 위로받지 못하는 잔인한 재난이다.

신종 감염병은 모든 것이 불확실하다. 감염원에 대한 정보가 전무해서 어떤 경로를 통해 감염이 되는지, 어떤 증상을 일으키는지, 얼마나 위험한지, 치료가 가능한지 등등 모든 것이 불투명하다. 게다가 감염원인 세균과 바이러스는 육안으로 확인할 수 없다. 자신이 감염원에 노출되었는지, 몸 속에 감염원이 들어와서 증식을 하고 있는지 알 도리가 없다. 이와 같은 불확실성은 스트레스의 주요 원인이다. 사람들은 최악의 상황보다 불확실한 상황에서 더 큰 스트레스를 느낀다. 감염병에 대한 불안과 스트레스는 확진자를 피하고 혐오하게 만든다. 이들에게 확진자는 감염병 유행의 피해자가 아니라 그저 감염원일 뿐이다.

메르스가 한창 유행이던 2015년, 메르스 확진 판정을 받은 후 사람들이 자신을 꺼려서 상처를 받았다는 이야기를 자주 들었다. 문제는 전파 기간이 끝나 격리가 해제된 이후에도 이러한 거부가 계속되는 경우가 많다는 것이다. 안타깝게도, 이들이 메르스의 위협에서 벗어나서 일상으로 돌아왔을 때 이들을 기다리는 것은 위로와 격려가 아니라 따가운 시선과 수근거림인 경우가 많다. 은행이나 가게, 병원에 들렀을 때 자신을 보고 주섬주섬 마스크를 꺼내 쓰는 사람들을 보며 이사를 고민하게 되었다는 어느 유가족의 이야기를 들으며, 이러한 공포의 실체는 과연 무엇일까 생각하게 된다. 격리에서 해제된 사람들은 전염력이 사라졌다고 공인받은 것이며, 실상 이들은 감염병에 대한 항체를 가지고 있어 어쩌면 우리 중 가장 감염병의 위협으로부터 안전한 사람들일 것이다. 그러나 감염병에 대한 공포는 우리의 이성을 마비시키고, 무작정 회피하고 혐오하는 것만이 자신을 지킬 수 있는 것처럼 일차적인 본능에 매달리게 한다. 실상 가장 안전한 이웃을 잠재적인 '감염병 전파자' 취급하며 가까운 이에게 상처를 입힌다. 불확실성에서 비롯된 두려움이 우리의 이성을 마비시키고, 근거 없는 추측과 루머를 거치며 증폭된 공포가 어쩌면 우리보다 더 건강한 이웃을 잠재적인 '메르스 전파자' 취급하며 이들에게 돌이킬 수 없는 상처를 입히고 있는 것은 아닐까.

그러나 위기는 기회가 될 수 있고, 극심한 고통 속에서 간절한 의미를 찾을 수 있다. 한 달여간 떨어져 지냈던 노부부는 서로의 소중함을 절실히 깨닫게 되었고, 자식은 부모님이 언제까지 건재하실 수 없다는 현실에 진중해졌다. 올바른 손 씻기와 기침 예절 홍보를 두고 별다를 것 없다고 비난하기 전에 생활 속에서 얼마나 실천하고 있는지 스스로를 돌아볼 일이다. 메르스 사태를 통해 드러난 병원 내 감염관리 시스템과 전염병에 대한 대응체계의 문제는 언젠가 닥칠 또 다른 신종 전염병에 대한 우리의 준비를 공고히 할 수 있게 만들었다. 선진국의 경우 지역사회를 중심으로 경험을 공유하고 지혜를 나누면서 위기를 도약의 전환점으로 삼은 사례가 많이 있다. 당시에 온·오프라인을 통해 메르스 격리자나 유가족, 의료인을 응원하는 움직임을 심심치 않게 찾아볼 수 있었다. 이들이야말로 메르스의 피해자이며, 이웃과 사회의 안전을 위해 자신의 불편함과 손해를 감수했다는 사실을 인식하게 된 것이다. 메르스 사태가 우리 사회에 공감과 감사의 문화가 자리잡고, 우리의 이웃을 격려하고 응원하는 성숙한 시민의식이 자리잡는 계기가 되었다고 희망하고 믿어보려 한다.

코로나19 유행

감염병 확진은 은근한 거부를 넘어 더욱 적극적인 비난과 근거 없는 유언비어流言蜚語로 이어지기도 한다. 유언비어는 곧잘 감염의 원인으로 둔갑하며, 타인에게 전파했다는 이유만으로 부주의하거나 악의적인 사람으로 매도되기도 한다. 방역을 위해 동선이 공개되었을 때 감염병과 전혀 상관없는 그들의 사생활에 대해서도 온갖 추측과 비난이 쏟아지는 경우를 보게 되었다. 때로 신상이 공개되어 가족들까지 따가운 눈총을 받기도 했다. 감염으로 인해 가장 큰 피해를 본 사람은 당사자임에도 불구하고 그들에게 모든 책임과 비난이 쏟아지는 것이다.

확진자로부터 전파된 대다수는 이들의 가족, 지인, 동료 등 가깝고 친밀한 사람들이다. **코로나19** 감염자들은 확진과 동시에 평균 6.5개의 스트레스를 경험했는데 가장 많이 경험하는 스트레스는 바로 가까운 사람에게 전염시킬지도 모른다는 우려였다. 자신과 밀접 접촉했다는 이유로 주변 사람들이 격리되어 일상의 불편을 겪었으며, 그중 일부는 감염이 확인되기도 하였다. 그렇게 되면 다시 그들 주변의 누군가에게 격리 조치가 취해졌다. 확진과 격리에서 또 다시 새로운 확진으로 이어지는 도미노는 이러한 상황이 끝없이 계속될 것이라는 착각을 불러일으켰다. 더 나아가 자신이 이 모든 사태의 원인이라는 파국적인 생각에 빠져 공포와 죄책감에 휩싸이게 만들었다. 자신으로 인해 가까운 사람이 피해를 보고, 심지어 죽거나 건강에 큰 문제가 생길지도 모른다는 사실은 누구에게나 두려운 일이다. 나는 자신이 가해자라는 생각에 사로잡혀 있는 대상자에게 당신 역시 누군가에게 전염된 피해자라는 사실을 상기시키곤 했다.

감염병은 피해자인 동시에 가해자가 되는 특수한 재난이다. 모두가 원하지도, 의도하지도 않았고 누구의 탓이라고 단정지어 말할 수도 없다. 끝이 보이지 않는 미로에서 빠져나오기 위해서는 뒤를 돌아보거나 앞을 내다보기 위해 너무 많은 에너지를 써서는 안 된다. 이미 벌어진 일은 그저 받아들이고 현재의 안전을 확보하는 데 집중하는 것이 훨씬 효율적이다. 그렇게 하루하루를 버텨나가다 보면 어느새 미로의 출구에 도달해 있을 것이다.

신체적 후유증, 경제적인 손해, 주변 사람에 끼치는 피해, 비난과 낙인 등 코로나19 감염을 두려워할 이유는 차고 넘쳤다. 특히 백신 접종이 시작되기 전인 2020년도에는 강력한 방역 조치가 계속되며 감염에 대한 공포가 높은 수준으로 유지되었다. 이러한 공포는 위험에 대한 경계를 높이고 작은 자극도 민감하게 반응하도록 했다. 체내에서 발생하는 모든 신호에 민감해져서 재채기나 열감, 두통 등 평소에는 대수롭지 않게 지나쳤을 신체 증상에도 화들짝 놀라며 자신이 감염되지 않았을까 불안해했다. 내부 장기는 24시간 한시도 쉬지 않고 움직이는데 그 신호에 민감해진다는 것은 긴장과 불안이 수시로 촉발될 수밖에 없음을 의미한다. 감염병에 노출되어 격리되어 있는 동안 전화 상담을 찾는 사람들의 상당수가 신체 증상에 민감해 있었다.

“열감이 느껴져서 하루에도 몇 번씩 체온을 재고 있어요. 정상 체온으로 나오더라도 혹시나 싶어 다른 체온계로 다시 재는 걸 반복하고 있어요.”

하지만 확인을 거듭할수록 불안감은 더욱 커지고 확인 행동은 더욱 강화된다. 불필요한 확인 행동에 사로잡혀, 정작 기본적인 영양 섭취를 위한 식사를 소홀히 하고 긴장 때문에 숙면을 이루지 못하는 경우를 보면 안타까운 마음마저 든다. 아무리 확인해도 지금 당장은 결코 알 수 없다는 것을 받아들여야 한다. 주의를 다른 곳으로 돌리고, 활력을 유지하는 활동이나 실제 면역력을 올리는 데 도움이 되는 행동을 실천해야 한다. 위기 상황일수록 할 수 있는 것과 할 수 없는 것을 분명히 구분하고, 한정된 에너지를 실제적이고 가능한 영역에 집중하는 것이 무엇보다 중요하다.

코로나19 유행을 거치며 한 가지 다행스럽게 생각하는 것은 감염병으로 인한 사망을 대하는 방식의 변화이다. 메르스 유행 때에는 죽어가는 가족의 임종을 볼 수 없었다. 사망자는 튜브, 배액관, 카테터 등 의료용 기구를 그대로 달고서는 시체 백으로 옮겨졌다. 유족의 동의와 상관없이 시신은 압수되어 화장이 진행되었고 그 후에야 장례를 치를 수 있었다. 그러다 보니 유족의 비통함은 이루 말할 수 없었다. 임종을 지키지 못했다며 자책했고, 서둘러 화장이 진행되는 바람에 장례도 제대로 치르지 못했다며 한탄스러워했다. 이러한 상황에 대한 원망과 분노의 깊이도 남다를 수밖에 없다. 비통한 상실에 사로잡혀 애도도 잘 이루어지지 못했다. 애도를 위해서는 충분한 작별의 의식이 필요하다. 가족들이 고인의 마지막 모습을 보며 작별의 인사를 건네고, 가까운 사람들과 함께 고인에 대한 기억을 공유하고 영면을 기원하는 것은 나라와 문화를 막론한 장례 의식이다.

WHO는 시신에 의한 코로나19 감염이 전파된 사례가 없으며 과학적 근거도 없다고 밝혔다. 감염병에 가로막혔던 작별은 다행히도 사망자의 존엄을 유지하고 유가족의 트라우마를 줄이는 방향으로 개정을 거듭하였다. 임종이 임박했을 때 가족들은 방호복을 입고 면회를 할 수 있고, 시신에 연결된 보조기구도 제거할 수 있도록 했다. 시신을 무

조건 압수해 화장하던 방식에서 벗어나 가족에게 시신처리 방법을 사전에 설명하고 동의를 구하며 화장을 권고하되 원한다면 매장도 가능하게 되었다.

"중환자실 간호사가 영상통화를 연결해 줘서 얼굴을 보고 마지막 인사를 할 수 있었어요. 그게 큰 위안이 돼요."

상담 내내 비통함에 고개를 떨구고 있던 유족의 얼굴에 희미한 미소가 어렸다. 얼굴도 모르는 간호사가 너무나 고마웠다. 그의 배려와 온정은 건강한 애도로 나아가는 디딤돌이 될 것이다. 사람을 일으키는 것은 역시 사람이었다.

코로나19로 인한 정신건강 위기는 메르스 유행 때와 상당 부분 닮아있었다. 불확실성으로 인한 공포, 감염자에 대한 혐오와 낙인, 각종 루머와 소문, 격리 스트레스, 의료인의 소진이 그러했다. 그러나 한 가지 뚜렷하게 구분되는 것은 메르스 유행은 3개월 만에 종식이 선언된 데 반해 코로나19 유행은 만 3년을 훌쩍 넘겼다는 것이다.

2020년 1월 20일, 국내에 첫 번째 코로나19 확진자가 발생한 지 10일 만에 전국 단위의 '코로나19 통합심리지원단'

이 구성되었다. 2015년 메르스 유행을 경험하며 신종 감염병이 얼마나 큰 공포와 혐오를 몰고 오는지 절감했기 때문이다. 300여 명의 우한 교민들의 입국과 함께 본격적인 심리 지원이 시작되었다. 임시생활시설은 충남 아산에 위치했다. 여러 후보 지역이 있었지만 주민들의 반대로 어렵게 결정된 곳이었다. 우여곡절 끝에 임시생활시설이 설치되었기 때문에 직원들과 교민들 모두 잡음 없이 격리 의무를 완수해야 한다는 비장함이 있었다. 교민들은 각자의 방에서 한 발자국도 나올 수 없었지만 모두의 안녕을 바라는 마음으로나마 서로 연결되어 있었다. 매일 문 앞에는 직원들에 대한 감사의 메시지가 붙어 있었다. 다행히 확진자는 300여 명 중 단 2명뿐이었다. 모두들 행복한 얼굴로 일상으로 돌아가는 것을 보면서 나는 이대로 신종 감염병의 위기가 끝났다고 생각했었다. 아직 정식 명칭도 없이 '신종 코로나바이러스'라고 불리던 시절이었다.

2월 중순, 대구와 인근 지역에서 감염자가 폭증하며 본격적인 유행이 시작되었지만 4월 말 들어 다시 잠잠해졌다. 메르스처럼 3개월이면 끝나지 않을까 한 번 더 기대했다. 그 뒤로도 나는 여러 번 기대와 실망을 반복했고 점점 지쳐갔다. 감염에 대한 두려움 못지않게 사회적 거리두기는 커다란 스트레스가 되었다. 모임, 여행, 영화, 공연, 스포츠까지 평소 낙으로 삼았던 모든 것들이 제한되었다. 강제적인 제한으로 자율성과 조절감을 앗아가는 것 같아 불쾌감 마저 들었다. 이 상황을 부정하며 방역 지침에 저항하고 싶은 욕구로 마음이 시끄러웠다. 국가트라우마센터에서 세 차례에 걸쳐 발표한 '마음건강 지침'은 나 자신에게 하는 말이기도 했다. 일상의 변화를 받아들이고 긍정성을 유지하는 것, 나와 가족, 주변 사람들의 안전에 책임감을 갖고 인내하는 것, 자연을 접하고 신체 활동을 유지하며 건강을 돌보는 것을 실천하기 위해 노력했다. 한강변을 자주 걸었는데 자연의 풍광은 그 자체로 위로가 되었다. 맑은 공기와 선명한 시야는 마치 보상처럼 느껴졌다. 감염병 유행 첫 해에 태어난 에버랜드의 팬더 푸바오의 성장을 지켜보는 것도 소소한 기쁨이었다. 유대감은 사람뿐 아니라 동물과도 가능했다. 우주에 대한 과학 영상은 한껏 좁아진 시야를 넓히는 데 도움이 되었다. 돌아보면 위기의 순간에 집단 지성이 폭발하며 새로운 체계를 만들었고, 생각지 못한 협업이 이루어졌다. 동료들의 헌신은 감동을 주었고 지친 나를 일으키는 동기가 되었다. 길고 긴 코로나19 유행은 고통스러웠고 소진된 여러 직원들을 떠나보내야 했지만 재난 심리지원 체계가 이 시기를 거치며 몇 단계 껑충 발전했다는 것은 분명하다.

(3)

“자연 앞에서 인간은 한없이 작고 무력한 존재예요.”

강원도 산불

1970년대 이후 지구의 온도는 빠르게 증가하여 산업화 이전에 비해 평균 온도가 1.1도 상승하였다. 급격한 기후 변화로 폭염 일수가 길어졌고 건조한 날씨에 강풍이 겹치며 지구 곳곳에 **초대형 산불**이 늘고 있다. 2023년 8월 하와이의 산불로 100명의 사망자가 발생했으며, 2024년 2월 텍사스에서는 서울 면적의 7배가 넘는 면적이 산불로 파괴되어 텍사스 주 역사상 최대 규모의 화재로 기록되었다. 계속해서 캐나다, 그리스, 남미에서도 사상 최대 규모의 산불이 속속 발생하고 있다. 최근 10년간 우리나라는 산불 발생 건수가 40% 증가하고 피해 면적은 무려 8배가 증가하였다. 강풍과 건조한 날씨로 잔불이 계속 되살아나기 때문이라고 한다. 우리나라의 산불 원인은 입산자의 실화에 의한 경우가 많지만 피해 규모가 커지는 것은 기후 변화가 상당 부분 작용하고 있다.

2019년 4월 밤, 강원도 영동지역의 산불이 빠르게 확산되고 있다는 속보가 이어졌다. 전국의 소방차가 강원도로 집결하고 있지만 강풍 때문에 도무지 잡히지 않는다는 소식이었다. 산불이 커진 고성과 속초는 인접 지역이지만 또 다른 산불 지역인 강릉, 동해는 지리적으로 상당히 떨어져 있었다. 같은 날 인제에서도 산불이 발생했다. 각 지역에서 발생한 화재가 강풍을 타고 불씨가 무차별적으로 인근 지역으로 번져 나가고 있었다. 건조한 날씨까지 겹쳐서 불은 무서운 기세로 번져나갔다. 그 중에서 강원도 고성은 노인 인구가 많고 작은 마을들로 이루어져 있다. 산불은 무서운 기세로 순식간에 마을을 덮쳤다. 사전에 산불 경보를 듣고 대피를 준비하고 있던 사람들도 불길에 덜미가 붙잡혔다. 거동이 불편해 휠체어를 타는 사람도 있었기에 노인들끼리 대피하는 것이 쉽지 않았다. 사람들은 서로의 대문을 두드리며 이웃과 친척을 챙겼다. 거동이 불편한 사람은 힘을 합하여 부축해서 마을을 빠져나왔다. 온 마을을 쑥대밭으로 만든 대형 산불 앞에서 인명 피해가 적었던 것은 이처럼 사람들이 서로 돕고 힘을 합쳤기 때문이다.

산불 이후로 잠을 못 이루는 사람들이 많다는 얘기가 들려왔다. 주민들은 학교, 마을회관, 경로당 등에 흩어져 있었다. 이재민과 자원봉사자들로 북적거리는 대피소에서 이야기를 나눌 공간을 찾기는 쉽지 않았다. 국가트라우마센터의 이동형 상담소인 마음 안심버스가 강원도에 파견되었다. 마음 안심버스를 찾는 곳이 많아서 매일 바쁘게 여러 지역을 돌아야 했다. 산불을 목격한 뒤에 플래시백 증상을 호소하는 사람이 많았다. 눈을 감아도 시뻘건 빛이 번쩍거리고 살벌한 기세로 자신을 뒤쫓던 불길이 떠올랐다. 타닥타닥 타들어 가는 소리도 귓가에 맴돌았다. 나는 '화마'라는 말이 왜 생겼는지 알 수 있었다. 사람들은 그야말로 불에 쫓겼다고 했다. 불씨는 바람을 타고 날름거리며 사람들을 쫓았다. 불을 피해 허겁지겁 도망가면서 옆 사람의 머리와 어깨에 떨어지는 불씨를 계속해서 털어내야 했다. 까딱했다간 불이 옮겨 붙을 수 있는 절체절명의 순간이었다. 경황없이 도망치느라 뿔뿔이 흩어졌던 가족들은 서로의 생사를 확인하지 못해 애를 태웠다. 집을 지키기 위해 대피를 포기했던 사람도 있었다. 사방으로 퍼져나가는 불길에 비해 현장의 소방대원은 턱없이 부족했다. 지붕에 불씨가 내려앉으면 물을 끼얹기를 반복했다. 집도 생명도 위태로운 상태에서 밤을 꼬박 새웠다. 산불 현장은 내가 상상했던 것과 판이하게 달랐다. 불씨가 내려앉은 집은 전소했는데 바로 옆집은 멀쩡했다. 모든 것이 도깨비장난 같았다.

이재민 중에는 도시 생활을 정리하고 펜션을 차린 사람들도 있었다. 산불은 어렵게 시작한 인생 2막을 주저앉혔다. 그들이 보이는 좌절과 무력감은 단순히 재산의 손실로만 설명할 수 없었다. 재난은 생명에 위협을 받는 트라우마 경험인 동시에 재산, 건강, 나아가서 소중한 사람을 잃는 상실을 수반한다. 어떤 할머니는 모든 세간살이를 다 잃어버렸노라 침통한 얼굴로 말했다. 할머니는 자식들이 돈을 모아 사준 에어컨인데 아끼느라 몇 번 틀어보지도 못했다고 말을 이어갔다. 수십 년간 제자리를 지키던 냉장고, 소파, 티브이가 눈앞에 어른거리고 허전한 마음이 추슬러지지가 않는다고 했다. 살림마다 사연이 있었다. 먼 도시에 사는 딸이 사준 겨울 외투, 친정어머니한테 물려받은 의복, 십여 년을 한 몸처럼 입고 지낸 생활복…. 할머니에게 세간살이는 그저 물건이 아니었다. 자식이었고 어머니였고 평화로운 일상이었다. 세간살이쯤이야라는 나의 생각은 완전히 틀렸다.

상실은 여러 형태로 일어났고 각자에게 고유한 의미를 앗아갔다. 상실에 있어서 크고 작음을 규정하는 기준은 어디에도 없다. 오직 당사자만이 상실의 크기를 알 수 있는 것이다.

지진

1995년 한신·아와지 **대지진**은 진도 7.3으로 6,000명 이상의 사망자가 발생했다. 당시 지진을 경험한 교민은 20여 년이 지난 지금까지 그날을 생생히 기억하고 있었다. 식구들 모두 깊은 잠에 빠져있던 새벽에 집안이 흔들렸다. 혼비백산하여 건물을 빠져나온 뒤 목격한 것은 땅이 파도처럼 출렁이는 장면이었다. 꿈인가 싶을 정도로 비현실적인 장면이었다. 땅은 시시때때로 변하는 하늘, 바다와 달리 굳건하게 자리를 지킨다. 우리는 중력으로 인해 땅에 발을 딛고 설 수 있으며 이는 사람이 느낄 수 있는 가장 기본적인 안정감을 준다. 뭔가 불안정하고 마음이 불안할 때 '마음이 붕 떠 있는 것 같다'라는 표현을 쓰는데 그 정도로 땅을 딛고 있는 감각은 안정감을 갖는 데 중요한 역할을 한다. 그런데 단단한 지면이 아니라 흔들리는 푸딩 위에 서 있다고 상상해 보자. 온몸이 후들거리며 금세 불안하고 어지러워질 것이다.

지진은 흔들리는 느낌과 소리로 각인되는 경우가 많았다. 그렇기에 고층 건물은 지진에 견디기 위해 진동에 따라 안정되고 유연하게 흔들리도록 설계되어 있어서 고층 빌딩의 사무실이나 아파트 고층부 주민들은 흔들림을 더 민감하게 감지하곤 한다.

2016년과 2017년 우리나라에는 진도 5 이상의 지진이 경주와 포항에서 연달아 발생했다. 외벽이 무너지고 건물에 균열이 갈 정도로 강력한 지진이었다. 실내에 있던 사람들은 가구가 이리저리 넘어가고 물건들이 쏟아져 내리는 것을 보며 공포에 휩싸였다. 그 뒤로도 여진이 언제 찾아올지, 혹시 더 큰 지진이 발생하지 않을지 한시도 마음을 놓지 못했다. 집안도 무너져 내릴 것 같아 더 이상 안전한 공간이라고 느껴지지 않았다. 지진을 경험한 사람들은 한동안 일상적인 울림이나 작은 진동에도 깜짝 놀라며 예민해졌다. 지진이 발생하기 직전에 들었던 소리를 기억하는 사람들도 많다. 깊은 땅속에서 울리는 생전 들어보지 못한 굉음은 본능적으로 극심한 공포감을 일으켰다. 지진은 가장 기본적인 안정감을 위협하는 경험이다. 공포스러운 감각으로 기억되며 일상에서 쉽게 촉발되곤 한다.

미국에서 연수를 하는 동안 **토네이도**를 경험한 적이 있었다. 티브이에서 경보음이 시끄럽게 울렸다. 외출을 삼가고 지하에 대피하거나 창문에서 떨어져 화장실이나 가장 안쪽 방에 머물라는 경고 안내가 반복되었다. 현관에서 가장 떨어진 작은 방에서 아이들을 안고 웅크리는 것 외에 할 수 있는 게 없었다. 뉴스에서는 토네이도의 행로를 예측할 수 없다고 했다. 우주 여행을 하는 시대에 토네이도를 그저 바라보고 있을 수밖에 없다는 게 기가 막혔지만 당시의 나로서는 그저 토네이도가 무사히 지나가기만을 간절히 기도할 수밖에 없었다. 다행히 토네이도는 우리 동네를 비껴갔지만 다음 날 출근길에 뿌리 채 뽑혀있는 나무를 꽤 많이 볼 수 있었다. 티브이에서는 지붕이 통째로 날라간 인근 동네의 피해 규모에 대한 뉴스가 흘러나왔다. 나의 생명과 안전이 무작위로 뽑는 카드처럼 아무런 규칙 없이 결정지어졌다는 것이 충격으로 다가왔다. 자연의 위력 앞에서 인간은 한없이 작고 무력한 존재라는 것을 실감했다.

(4)

“분노와 슬픔, 두려움, 무력감이 뒤엉킨 현장이었어요.”

이태원 사고 (10.29 참사)

이태원에는 다양한 국적의 외국인이 살고 있으며 여러 나라의 대사관이 위치하고 있다. 이국적인 분위기에 이색적인 맛집도 많은 특색 있는 번화가이다. 매년 할로윈 축제를 즐기기 위해 외국인, 유학생, 젊은이들이 이태원을 찾는다. 2022년 10월 29일, 코로나19 유행이 잦아들며 거리두기가 해제되자 이태원에는 10만여 명의 인파가 모였다. 가장 번화한 40m 남짓한 골목에 수백 명이 뒤엉켜 옴짝달싹 못하는 상황이 벌어졌고 결국 159명의 사망자가 발생했다.

나는 그날 밤, 잠이 오지 않아 티브이 채널을 돌리다가 사고 뉴스를 접했다. 큼지막한 자막으로 사망자가 2명이라고 표기되어 있었지만 수십 명 심정지라는 또 다른 문구가 예사롭지 않았다. 외상으로 심정지가 되었다는 것은 좋지 않은 신호였다. 초조하게 사망자의 숫자가 멈추기를 바랐지만 사망자 수는 59명, 105명으로 빠르게 증가했다. 뉴스에서 시시각각 올라가는 숫자와 뒤편으로 비추는 현장의 모습 모두 너무나 비현실적으로 보였다. 서울 도심 한복판에서 150명이 넘는 젊은이들이 압사로 사망하다니, 믿기지 않는 일이었다.

그 날 현장에 있던 사람들 역시 마찬가지였다. 현장에서 응급구조를 도왔던 D는 그곳에서 수십 명의 죽음을 목격했다. 초반에 구조된 사람들은 금방 정신을 차렸지만 어느 시점부터 의식을 되찾지 못하는 사람들이 늘어났다. 흉부를 압박하고 숨을 불어넣어도 이미 차가워진 팔다리에 온기가 돌아오지 않았다. 현장에 있던 의사의 사망 신고가 반복되었다. 불과 몇 분 사이로 누구는 살아나고 누구는 싸늘하게 식어갔다. 같은 나이 또래의 앳된 젊은이들이었다. 누군가를 살리기 위해 정신없이 심폐소생술을 하는 사이에 한편에는 구조를 기다리며 신음하는 사람들이 시야에 들어왔고 다른 편으로는 소란을 피우는 구경꾼과 방관자들이 보였다. 현장에는 심폐소생술과 구조를 돕는 사람들도 있었지만 휴대전화를 들이밀며 현장을 찍는 구경꾼이 더 많았고 그중에는 노래를 부르고 춤을 추는 사람도 있었다. 사람들의 고함 소리, 음악 소리, 귀가 찢어질 것 같은 사이렌 소리가 뒤섞였고, 분노와 슬픔, 두려움, 무력감이 뒤엉켜 현장은 극도로 혼란스러웠다.

사고 이후 며칠 동안 D의 일상생활은 별 문제가 없는 것처럼 보였다. 마음이 붕 뜨고 밤에는 잠을 잘 이루지 못했지만 큰 문제라고 생각하지는 않았다. 그런데 점차 자신이 겪은 것을 실감하게 되면서 구급차 사이렌 소리에 민감하게 반응하기 시작했다. 사고 전에는 일상에서 구급차나 경찰차를 접해도 전혀 의식하지 않았다고 했다. 그런데 이제는 멀리서 들리는 사이렌 소리에도 심장이 터질 것처럼 빨리 뛰고 호흡이 가빠지며 식은땀이 났다. 그럴 때면 그 당시 현장의 모습이 파노라마처럼 재생되었고 지나가는 사람들의 얼굴에 사망자가 겹쳐 보이기도 했다. 외상기억은 강렬한 정서적, 신체 생리적 고통을 수반한다. 밀물처럼 들이닥치는 고통에 속수무책으로 압도되어 버리고 만다.

"제가 아니라 다른 사람이었다면, 전문 의료진이었다면 그 사람들을 살릴 수 있지 않았을까요."

혹시 본인이 심폐소생술을 잘못한 건 아닐까 두렵다고

도 했다. 또래의 죽음에 대한 안타까움을 넘어서 비현실적인 죄책감에 휩싸였다. 꿈속에서는 방관자들이 나타났다. 자신을 둘러싸고 비웃기도 했고, 어떤 때는 악마의 모습을 하고 있었다. 사고 자체도, 죽음도, 방관자들도 모두 받아들이기 힘들었다. 다른 사람들은 선행을 했다고 칭찬했지만 D에게는 전혀 와닿지 않았고 무의미했다. 이 세상은 악의적인 사람들이 넘치는 위험한 곳이고, 자신은 한없이 무력한 존재로 느껴졌다.

현장을 통제할 사람이 없었기 때문에 사람들이 뒤엉켜있는 장면, 의식을 잃은 사람들을 심폐소생술하는 모습, 바닥에 눕혀진 시신들이 현장에 있던 사람들에게 그대로 노출되었다. 직접적인 목격뿐만 아니라 수많은 휴대전화와 언론사의 카메라에도 현장의 장면들이 고스란히 담겼다. 현장 취재 후에 트라우마 반응을 보이는 기자들이 적지 않았다. SNS 제보가 쏟아지며 반복적으로 현장과 관련한 영상을 접한 뒤에 심적인 고통을 호소하는 기자들도 많았다. 언론인의 예에서 알 수 있듯이 현장의 목격과 영상을 통한 노출은 트라우마를 유발할 수 있다.

국가트라우마센터는 2021년 11월부터 언론진흥재단, 언론인, 미디어 전문가 및 트라우마 전문가들 10명으로 추진단을 구성하여 '트라우마 예방을 위한 재난보도 가이드라인'을 준비하기 시작했다. 재난 당사자와 가족, 언론인, 뉴스 이용자까지 모두가 해를 입지 않도록 안전한 재난 보도를 실천하는 것이 목적이었다. 언론사는 재난 보도로 인한 기자의 트라우마를 최소화하기 위해 상시 교육을 시행해야 하며, 기자는 당사자의 의사를 확인하고 공감하는 태도로 취재하고, 보도 단계에는 사생활 보호, 자극적인 자료나 당사자에게 낙인이 될 수 있는 표현에 대한 주의를 강조했다. 추진단은 2022년 10월까지 1년에 걸쳐 구체적인 내용들을 차곡차곡 담아나갔다.

이태원 사고 직후 참사 현장의 사진과 영상이 여과 없이 전파되는 것은 예상된 수순이었다. 추진단의 언론인과 전문가들은 방송기자연합회, 한국기자협회에서 가이드라인을 소개하고 실천을 촉구했다. 사고 3일째 KBS, MBC, SBS, YTN의 메인뉴스에서는 유가족을 비롯한 다수 국민들의 트라우마를 방지하기 위해 자극적인 동영상을 사용하지 않고 정지화면만 제한적으로 사용한다고 공표했다. 몇몇 언론사는 트라우마 반응을 보이는 소속 기자들을 위해 상담과 치료를 지원했다. 트위터현X를 비롯한 국내·외 SNS와 포털에서는 참사와 관련한 잔혹한 영상과 피해자의 신원이

드러나는 정보를 유포하거나 공유하는 것을 자제해달라고 당부했고 일부 이용자들은 자정 작용에 나서기 시작했다. 비극적인 사고 속에서 의미 있는 변화가 시작되었다. 이러한 변화를 유지하고 발전시키는 것은 남은 사람들의 몫이다.

이태원 사고가 치열하게 정쟁의 소재로 소모되는 정도와 비례하여 사람들의 피로감은 급격히 증가했다. 처음에 안타까워하던 이웃들도 점차 등을 돌렸다. 사회의 시선은 금세 냉랭해졌다. 기억해야 한다는 외침에 냉소적으로 반응했고 심지어 당사자들의 탓으로 돌리며 손을 내젓기도 했다. 이차 가해를 방지하기 위해 상당수의 미디어는 사고와 관련한 기사의 댓글 창을 닫았다. 기사 자체도 빠르게 줄었다. 남은 이들은 길고 긴 조사와 재판 과정을 쫓으며 외로운 싸움을 이어갔다. 외집단과의 연결이 약화되고 내집단에서의 갈등이 커지는 경우도 많다. 시간이 갈수록 보호와 지원 속에서 회복해 나가는 사람들과 고립과 갈등의 도가니 속에서 갇혀 버리는 사람들의 경과가 뚜렷하게 구분된다.

사고 1주기가 다가오면서 관련 단체는 추모행사를 준비하고 국내외 언론에서는 기획 기사를 취재하였다. 1주기는 과거의 기억을 돌아보고 상처를 보듬으며 고인을 추모하는 의미 있는 시간이다. 그러나 몸과 마음에 각인되어 있는 당시의 충격이 되살아나는 것도 어쩔 도리가 없다. 사고가 발생한 날 또는 고인과 연관된 날 즈음에 당시에 겪었던 심리적, 신체적 반응이 다시 나타나는 것을 기념일 반응이라고 한다. 그날이 다가온다는 것을 인지할 때뿐 아니라 아예 의식하지 못하는 상태에서도 기념일 반응은 나타난다.

"항상 10월 무렵이 되면 끙끙 앓곤 했어요. 잠도 잘 못자고 기분이 너무 우울해져서 죽고 싶은 마음까지 들 정도에요. 그런데 11월이 되면 씻은 듯이 나아져요."

한 여성은 어머니가 사망한 시기가 되면 여지없이 당시의 충격과 상처를 온몸으로 앓았다. 놀랍게도 그녀는 매년 겪는 고통이 과거의 트라우마와 관련 있다는 것을 깨닫지 못하고 있었다. 당장 증상이 없어지는 것은 아닐지라도 자신이 반복적으로 겪고 있는 정체 모를 현상의 원인을 알게 되어 마음 놓여했다. 기념일 반응은 주기뿐만 아니라 고인의 생일, 명절, 특별한 기념일 등에도 나타날 수 있다. 그러나 가장 강력한 것은 사고 1주기이다. 이태원 사고 역시 마찬가지였다. 사고를 겪은 사람들과 유족들 중 상당수가 1주기를 앞두고 긴장과 고통이 악화되는 기색이 역력했다. 투약하는 약물을 증량하고 당일을 어떻게 안전하고 의미 있게 보낼지 함께 논의했다. 추모의 방식에 정답은 없다. 자신에게 가장 편안한 방식으로 그날을 보내면 된다. 어떤 사람은 사람들과 같이 보내기를 바라며, 어떤 사람은 혼자 조용히 고인을 기리고 싶어 하기도 한다. 어떤 방식이든 존중되고 격려되어야 한다.

(5)

“이제는 ‘너무 춥고, 덥다’로 그치지 않아요.”

2014년 개봉한 영화 〈인터스텔라〉는 크리스토퍼 놀란 감독이 실제 물리학자의 도움을 받아 우주 과학을 사실적으로 구현한 영화로 유명하다. 영화 내용의 상당 부분을 블랙홀과 우주에 할애하고 있는데, 나에게는 영화의 앞부분에 나오는 황폐한 지구의 모습이 더 인상적이었다. 영화 속 지구는 황사로 뒤덮였고 거대한 모래폭풍이 수시로 몰아쳤다. 사람들은 흙먼지를 마시지 않기 위해 필사적으로 입과 코를 가리며 이리저리 뛰어다녔다. 호흡기 질환이 만연하고 식량 생산량이 급감해서 인류 전체의 생존이 심각한 위협을 받고 있는 모습이었다. 비록 영화 속 허구의 세상이었지만 신선한 공기를 마실 수 없고 식량이 고갈되어 가는 세상이라니 상상만 해도 끔찍하고 절망스럽게 다가왔다.

그러나 정말 무서운 것은 이것이 아주 동떨어진 이야기가 아니라는 것이다. 2015년 2월, 각국 지도자들은 산업화 이전인 1850~1900년을 기점으로 했을 때 지구 평균 온도 상승폭을 1.5도 이내로 제한한다는 파리기후협정을 체결했다. 이미 지구의 표면 온도는 1.09도 상승했고 기준치인 1.5도를 넘는 날이 점점 길어지고 있다. UN 산하 과학위원회에 따르면 지구 평균 기온이 1.5도 상승하면 생물 다양성이 크게 파괴되고 극한 기상 현상이 증가할 것이라고 한다. 평균 기온이 2도 상승하면 해양 먹이 사슬의 기초가 되는 산호초의 99%가 사라지고 북극 생태계와 아마존에서의 환경 변화가 돌이킬 수 없는 상황으로 진행되어 지구는 자체적인 회복력을 상실할 것이다. 많은 과학자들이 현재의 증가 속도로 보았을 때 2050~2100년에는 최후의 보루인 2도 억제선에 도달한다고 경고하고 있다. 세계기상기구와 UN은 이미 **지구 온난화**를 막거나 대비할 수 있는 시점을 넘었으며 이제는 극단적인 지구 변화에서 어떻게 적응하고 생존할지 고민해야 하는 단계에 접어들었다고 말한다.

최근 몇 년 동안 유럽, 미국, 아시아 등 지구 곳곳에서 최고 기온 기록이 경신되고 있다. 우리나라 역시 폭염과 열대야 일수가 매년 점점 증가하고 있다. 이러한 극단적인 **폭염**,

폭우, 한파와 같은 기후 변화는 더 이상 참아야 할 더위와 추위가 아니라 재난의 수준에 이르렀다. 우리나라는 2018년 폭염과 한파를 자연 재난에 포함시켰다. 폭염 속에서 열사병, 열경련 등 온열 질환이 늘고 심혈관 질환이 증가하면서 사망 위험률이 8%까지 증가했다. 자연 재난 중 인명피해가 가장 큰 것이 바로 폭염이다. 가장 무더웠던 1994년에는 무려 3,384명의 초과 사망자가 발생했다. 또한 가축이 대량으로 폐사하고, 녹조가 나타나는 등 다방면으로 피해가 발생했다. 폭염은 누구에게나 위험하지만 소득과 주거, 연령에 따라 더 취약한 사람들이 있다. 쪽방촌은 오래된 슬레이트나 균열이 간 콘크리트의 영향으로 단독주택이나 아파트보다 평균 3도가 더 높다. 공사장 근로자 등 야외 작업이 많은 경우 온열 질환에 취약하다. 이주 노동자는 폭염 사각지대에 놓여있는데 이들의 상당수가 주거도 비닐하우스에서 해결하기 때문이다. 비닐하우스 내부는 여름에 40도를 넘기기 일쑤여서 외국인 노동자의 온열 질환 발병률은 내국인 노동자의 4배에 달한다. 고령층은 고온에 대한 건강 영향을 더욱 크게 받아 이상 고온 발생기간 동안 사망자 수가 75.3%나 증가한다. 이렇듯 거주 형태, 직무, 처한 상황에 따라 폭염은 누군가에게는 불평등한 재난이다.

해수면 온도의 상승으로 대기 중의 수증기가 증가하면서 폭우와 홍수, 태풍의 빈도도 증가하고 있다. 2022년 파키스탄에서는 몇 주에 걸쳐 평년보다 2~3배 많은 강수량이 기록되었다. 대규모 홍수가 파키스탄 전역을 휩쓸며 국토의 1/3이 물에 잠겼고 3,000만 명의 이재민이 발생했다. 지난 10년간 우리나라에서 태풍과 호우로 122명의 인명피해와 3조 원의 재산피해가 발생했다. 좁은 지역에 퍼붓듯이 비가 내리면 배수 능력보다 더 많은 비가 쌓이면서 침수 피해가 발생한다. 일반적으로 시간당 30mm 이상일 때 폭우라고 하는데 기상청은 2023년 1시간 누적 강수량이 50mm 이상이면서 3시간 누적 강수량이 90mm 이상인 경우를 극한 호우로 분류하였다. 1997년 이래 극한 호우는 30건이 발생했고 시간이 갈수록 더 빈번하고 집중적이며 강렬해지고 있다. 특히 2020년에는 호우로 44명이 사망하였으며 2022년에는 19명, 2023년에는 48명이 사망하였다. 인명피해는 아파트 주차장, 반지하 주택, 지하차도처럼 일상적인 공간에서 발생해 더욱 충격으로 다가왔다. 구조나 복구 작업 중에 사망 사고가 발생하는 안타까운 사례도 있었다. 태풍, 호우와 같은 풍수해는 예보 경보 체계가 작동하는 만큼 피해에 대한 예방과 대비, 사전통제가 제대로 작동했는지에 대한 논란을 피하기 어렵다. 행정적으로는 자연 재난으로 분류되지만 인재의 요소가 상당부분 존재하는 것이다. 통상적으로 자연 재난보다 사회 재난 피해자들의 심리적 충격이 더 크고 회복에 어려움을 겪는다고 보는데 이처럼 자연 재난과 사회 재난이 복합적으로 작용하는 경우 사회 재난과 비슷한 정도로 심적 고통을 겪게 된다.

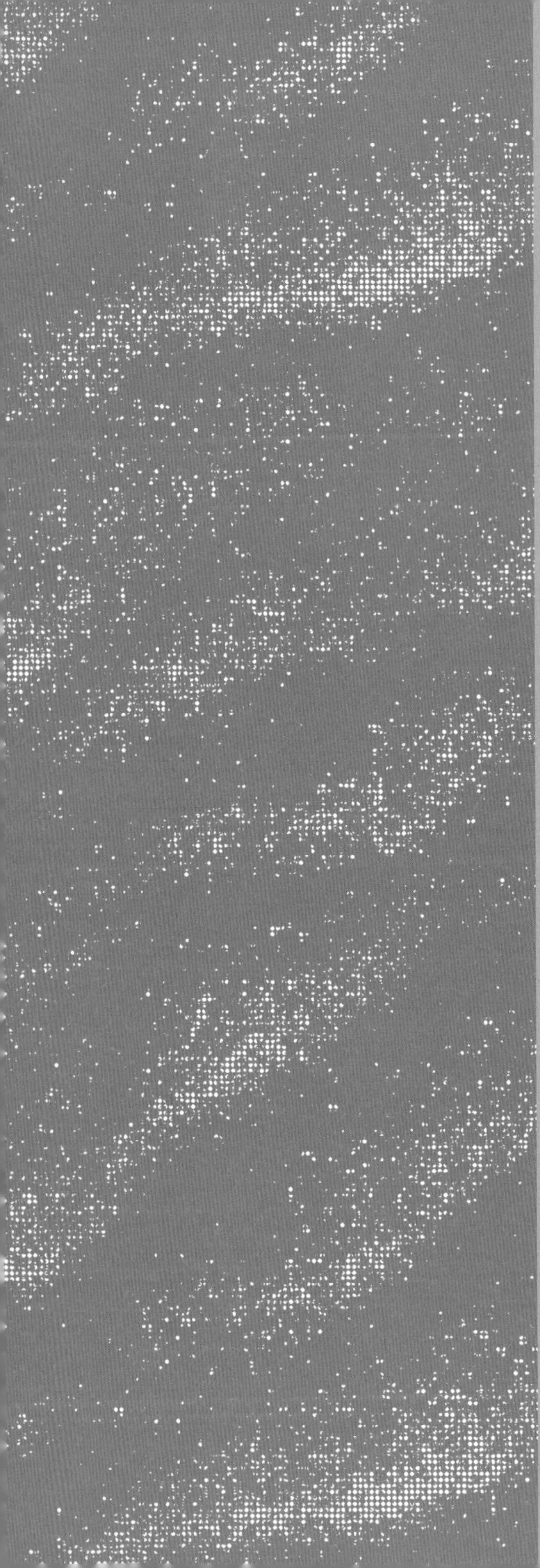

3장

트라우마 처방전이 바로 여기에 있다

TRAUMA

(1)

첫 번째_나만 이렇게 힘든가요

트라우마 경험이 이처럼 많은 사람이 겪는 것이라면, 트라우마가 몸과 마음을 뒤흔들 정도로 위력적이라면, 과연 사람들은 어떻게 살아나가는 것일까. 놀랍게도 많은 사람들은 트라우마 경험을 자신의 한 부분으로 받아들이고 일상을 살아나간다. 일부는 외상 사건 전보다 성숙한 가치관을 갖고 인생의 관점을 재조정하는 '외상 후 성장'을 이루어내기도 한다.

그러나 혼자만의 힘으로 트라우마를 이겨낼 수는 없다. 트라우마의 회복과 외상 후 성장은 본인과 주변, 사회가 함께 힘을 모을 때 가능하다. 그러기 위해서는 트라우마에 대한 이해가 선행되어야 하며, 주변의 위로와 지지 속에서 용기를 내어 기억을 다루어 정리하는 과정이 필요하다.

트라우마는 사람을 외롭게 만든다. '이런 일이 생기다니, 나는 정말 불운한 사람이야' 불행은 오직 자신만을 향하고 다른 사람들은 아무런 근심 걱정이 없는 듯 행복해 보인다. 군중들 속에 자신만 섬처럼 덩그러니 다른 세상에 던져진 것 같다. 전 세계 어느 국가를 막론하고 10명 중 7~8명 이상은 평생 한 번 이상 교통사고, 재난, 범죄, 성폭력, 가까운 사람의 사망 등의 트라우마 사건을 경험하는 것으로 보고되고 있다. 심지어 그중 50% 이상은 트라우마 사건을 두 번 이상 겪는다. 트라우마는 분명 나에게 일어나지 않았으면 더 좋았을, 불청객과 같다. 하지만 70~80% 이상의 사람들은 인생의 어느 지점에서 트라우마와 맞닥뜨리고 있는 것이 현실이다. 그렇기 때문에 충격적인 사건을 겪었다는 것이 '불운함'이나 '박복함'을 의미할 수는 없다.

트라우마를 능숙하게 다루는 사람은 아무도 없다. 트라우마는 누구에게나 낯설고 두렵다.

성공한 사업가인 A는 어떤 문제든 막힘없이 해결하는 능력자이다. 그는 고난과 역경도 기회로 둔갑시켰다. 그가 이겨내지 못할 어려움은 이 세상에 없을 것 같았다. 그러나 인생의 가장 황금기에 맞닥뜨린 항공기 사고는 그를 한없이 무력하게 만들었다. 곧 추락할 것처럼 격렬하게 흔들리는 비행기 안에서 그는 자신의 시야에 들어오지 않는 소중한 자녀들을 지킬 수 없다는 공포감에 사로잡혔다. 간신히 탈출한 뒤에도 언제 터질지 모르는 비행기 안에 자녀들이 남겨져 있을지 모른다는 생각에 이성을 잃고 비행기를 향해 뛰어들기도 했다. 다행히 모든 식구들이 구조되었지만 A는 그 장면에서 쉽게 벗어나지 못했다. 현재의 시각에서 사건을 되돌아보는 것이 아니라 바로 그때의 모습으로 다시 그 사건을 그대로 겪는 것이다. 맞서 싸울 수도 도망갈 수도 없었던 그 날의 기억은 마치 고장난 테이프처럼 그의 몸과 마음에서 반복 재생되었다.

머리로는 이미 지난 일이라는 것을 알고 있지만 오감과 내장 감각이 모두 그 날 그 순간을 가리키는 **플래시백**은 PTSD에서 흔히 볼 수 있는 증상으로 해리의 한 형태이다. 고개를 젓고 눈을 감아도 플래시백은 수시로 찾아와 마음과 몸을 뒤흔들기 때문에 누구라도 속수무책으로 트라우마 순간으로 끌려 들어갈 수밖에 없다. 대개는 현실감각이 어느 정도 있는 상태에서 플래시백을 경험하므로 이성과 감각의 괴리가 더욱 기묘하게 느껴지는데, 스스로도 이해할 수 없기 때문에 다른 사람에게 설명하기도 어렵다. 이상한 사람 취급을 받느니 차라리 입을 다물기로 했다고 말하는 사람들을 많이 보게 된다. A는 트라우마 반응이 나약함의 증거라고 생각하고 있었다. 나는 A에게 물었다.

"당신이 그 사건을 겪지 않았다면 지금과 같은 증상을 겪을까요?"

"아니요. 사건 이후에 생긴 거니까 그렇진 않겠죠."

"트라우마 증상의 원인은 분명합니다. 트라우마 사건을 겪었기 때문이죠. 당신 탓이 아니라는 얘기입니다. 당신은 자신과 가족들의 생명에 위협이 되는 사건을 겪었고 그 과정에서 어쩔 수 없이 몸과 마음에 충격을 받았습니다. 어딘가에 세게 부딪히면 멍이 드는 것과 같습니다. 누구도 예외는 없습니다."

강력한 트라우마 반응의 이면에는 **자책**과 **수치심**이 깔려 있는 경우가 많다.

삼풍백화점 붕괴 사고, 대구지하철 화재 사고, 다중 추돌 사고. 어느 날 수십 건의 재난 현장을 경험한 소방 공무원 B가 외래를 찾아왔다. 수십 년간 현장의 잔상이 자신을 괴롭혀왔다고 했다. 입에 담기도 끔찍해서 배우자한테도 자세한 얘기를 한 적이 없노라고 했다. 이미 몇 년 전부터 약물 치료를 받고 있었는데 그 뒤로 불면 증상은 좋아졌지만 수시로 떠오르는 잔상과 불안, 공포는 별 변화가 없다고도 했다. 우리는 먼저 그가 경험한 트라우마 사건의 목록을 작성해보았다. 면담지의 칸이 모자랄 정도였다. 현장 활동 중 심각한 부상을 입은 적도 있었고, 옆자리의 동료가 순직한 경험도 있었다. 참혹한 현장은 헤아리기 어려울 정도로 많이 목격했다. 그중에서 그를 가장 괴롭히고 있는 것은 대규모 사상자가 발생한 붕괴 현장에서 한동안 방치되었던 어떤 사체의 형상이었다. 그 모습이 너무나 생생하게 떠올라서 온몸의 털이 곤두서고 소름이 돋을 정도로 괴롭다고 했다. 나는 처음에는 그 모습이 너무 참혹해서 그에게 트라우마 반응을 일으키는 것이라고 생각했다.

"그동안 당신이 겪었던 현장 중에 가장 끔찍한 장면인가요?"

"아니요. 사실 더 참혹한 현장도 많았어요. 그래서 한편으로는 이상하다고 생각했어요. 그보다 더 훼손된 시신을 수습할 때도 아무렇지 않았거든요."

치료를 거듭하면서 B를 괴롭힌 것은 처참한 장면 그 자체가 아니라 그 순간 고인이 겪었을 고통에 대한 안타까움과 고인을 빨리 수습해서 가족에게 돌려주지 못한 데에 대한 죄책감이라는 것을 알 수 있었다. 공감 능력과 선한 의도는 때로 부메랑이 되어 트라우마라는 생채기를 내기도 한다.

소방공무원, 경찰공무원, 의료인, 언론인 등 재난 현장을 누비는 대응인력은 트라우마 고위험군이다. 업무를 수행하는 과정에서 자신이 다칠 수도 있고, 동료가 다치거나 죽기도 하며, 수시로 참혹한 장면과 비통함의 순간을 접하게 된다. 아무리 건장하고 강인하며 노련한 재난 대응인력이라고 해도 트라우마로부터 자유로울 수 없다. 트라우마 반응은 노출과 비례한다. 정확히 그들의 경력에 비례하여 몸의 어딘가에 축적되었다가 어느 날 어떠한 촉발요인으로 인해 도화선에 불이 붙으면 한 순간 폭발적으로 터져나오는 것이다. 반면에 공감하지 않는 사람은 트라우마로 고통 받지 않는다. 나는 B에게 재난 업무 종사자의 트라우마는 얼마나 오랫동안 현장을 지켜왔는지, 피해자와 유가족을 얼마나 안쓰럽게 생각했는지를 말해주는 증거라고 말했다. B는 매우 의아해했다. 자신이 소방공무원으로서 적절한 사람이 아니기 때문에 트라우마 반응을 겪는 것이라고 생각하고 있었던 것이다. 선뜻 동의하지는 않았지만 B는 트라우마 반응을 어떻게 받아들일지 새로운 선택지를 갖게 되었다. 우리는 그 뒤로도 이 주제를 자주 다루었다. B는 자신의 트라우마와 자기 자신을 좀 더 긍정적으로 바라볼 수 있게 되었다.

C가 다니는 직장의 화장실에서 몰래 카메라가 발견되었다. 피해자 중에 자신도 포함되어 있다는 사실을 알게 된 뒤 충격으로 잠을 이루지 못하고 대인 기피 증상까지 생겼다. 견디다 못해 외래를 방문해서는 잔뜩 움츠린 자세로 눈도 마주치지 못한 채 들릴 듯 말 듯 작은 목소리로 사건에 대해 말하기 시작했다. 범인은 비교적 가깝게 지내던 동료였다. 자신의 영상이 불법물 시장에 유포되었을지 모른다는 불안감을 떨칠 수 없다고 하였다. 생각은 꼬리에 꼬리를 물고 이어졌다. 주변에 자신의 영상을 본 사람이 있을지도 모른다는 생각에 사람들과의 만남을 피한 채 두문불출하게 되었다. 수치심과 **두려움**에 고개를 들 수가 없었다. 공중 화장실은 사용할 엄두도 내지 못하였다. 밤이면 화장실에서 쫓기는 악몽을 꾸었다. 지하철에 타면 사람들 손에 들려 있는 핸드폰의 후면 카메라가 자신을 향하는 것 같아 식은 땀이 났다.

상처는 끝나지 않았다. 조사관은 그녀에게 당신이 겪은 일이 별거 아니라며 빨리 털어버리라고 했다. 변호사는 심각한 상해를 입은 것이 아니므로 처벌이 가벼울 것이라고 하였다. C의 마음에 관심을 갖는 사람은 없었다. C의 가족들마저 이제 그만할 때도 되지 않았냐는 말을 꺼내기 시작했다. 어느 순간부터는 스스로도 의심스런 마음이 들기 시작했다. 별것 아닌 일로 괴로워하는 자신이 너무 나약한 사람인 것 같았다. 사실 아픈 곳도 없는데 시위를 하고 있는 게 아닌가 되물었다.

"다들 이제 그만할 때도 되지 않냐고 해요. 너무 화가 나는데 사실 나조차도 이해가 안 돼요. 내가 너무 의지가 약한 것 같아요."

매번 진료 시간에 맞춰 수년간 성실히 치료를 받으러 오는 것은 결코 쉬운 일이 아니다. 회복을 위해 그녀는 자신이 할 수 있는 최선을 다하고 있음에도 불구하고 자신의 노력마저 **평가절하**하고 있었다.

"만일 친한 친구가 당신처럼 어떤 사건을 겪고 힘들어한다면 어떨 것 같나요?"

내가 물었을 때 그녀는 망설임 없이 대답했다.

"마음이 아플 것 같아요. 괜찮냐고 위로해 줘야죠."

"그냥 친구의 기분을 맞춰주기 위해 하는 건가요?"

그녀는 단호하게 말했다.

"아니요, 너무 안됐잖아요. 친구가 정말 걱정되고 괜찮아지길 진심으로 바랄 거예요."

"그렇군요. 진심으로 걱정하고 도와주고 싶군요. 그런데 당신은 정작 자기 자신은 그렇게 대하는 것 같지 않네요."

그녀는 잠시 생각에 잠기는 듯하다가 "네…. 생각해 본 적이 없는데, 정말 그런 것 같네요."라고 울먹이며 말했다.

고통을 겪고 있는 자신을 조금만 연민의 마음으로 대한다면 마음의 평화는 훨씬 빨리 찾아올 것이다. 어쨌든 나를 가장 아끼고 돌봐야 하는 것이 나 자신임은 분명하다.

(2)

두 번째_과거의 나를 마주할 용기를 내다

트라우마는 당사자를 숨게 만든다.

"사람들을 만나면 제 걱정을 하면서 자꾸 저를 살펴요. 아직 힘들다고 하자니 어떻게 힘든지 설명해야 할 것 같고, 괜찮다고 하자니 억지로 괜찮은 척 하는 것도 너무 힘들어요. 그래서 연락을 다 차단하고 아무도 안 만나고 있어요."

"사람들은 제가 이제 다 나았다고 생각할 거예요. 친구들 앞에서는 웃고 떠들고 농담도 하거든요. 그런데 사람들이 제 눈치를 살피는 게 싫어서 더 애써서 괜찮은 척 하는 거예요. 그렇게 시간을 보내고 집에 돌아오면 며칠 동안 끙끙 앓아요. 악몽도 많이 더 많이 꿔요."

사람들과의 만남을 피하는 것은 자기 자신을 피하는 것이기도 하다. 사건을 자신의 부주의함 탓으로, 트라우마로 인한 고통을 자신의 나약함 탓으로 돌리면서 자신을 향한 비난과 혐오를 키우던 끝에 결국 그날의 기억만이 아니라 자기 자신까지도 어둠 깊숙이 던져버리고 빗장을 걸어 잠궈 버린다. 시간이 갈수록 원래 자신이 어떤 사람이었는지, 자신의 내면에 얼마나 반짝이는 부분이 있는지 희미해진다.

두렵거나 불쾌한 것을 피하는 것은 지극히 본능적인 반응이다. PTSD 환자들은 과거의 기억을 떠올리거나 입 밖으로 꺼내는 것을 두려워한다. 한 번 재생 버튼이 작동하면 그날의 기억은 끝없이 펼쳐졌고 멈춤 버튼은 작동하지 않았다. 몸과 마음을 관통하는 격렬한 고통은 며칠이 지나도록 쉬이 잠잠해지지 않고 잠을 잘 수도 없고 책을 읽지도 못하는 상태로 만들었다. 당사자가 할 수 있는 것은 그저 기억을 재생시키는 모든 것들을 필사적으로 피하는 것이다. 실제로 감정가가 그다지 크지 않은 기억은 회피나 억제를 통해 잦아들기도 한다. 그러나 트라우마는 피할 수 있는 것이 아니다. 수시로 펼쳐지는 플래시백, 꿈에까지 찾아오는 악몽은 트라우마가 노력만으로 피할 수 없다는 것을 절실하게 깨닫게 한다. 피할 수 없는 것을 애써 피하려는 소모적인 시도, 그리고 이것이 장기화되면서 발생하는 여러 부작용들이 쌓여 결국 **외상후 스트레스 장애**, **우울증**, **불안 장애**와 같은 정신 병리가 된다.

이태원 사고 현장에서 구조 활동을 펼쳤던 D는 1주기 추모 행사에 참여하기로 했다. 사고 이후 사람이 많은 곳을 꺼리고 있었고 이태원에 가는 것이 아직 편안치 않은 상태였다. 나는 D가 이태원에서 열리는 1주기 행사에 참여하는 것이 PTSD 증상을 악화시키지 않을지 걱정스러웠다. 그러나 D의 의지는 확고했다. 1년 전과 달리 안전하게 행사가 치러지도록 돕고 싶다고 했다. 무사히 사람들이 돌아가는 것을 자신의 눈으로 확인하면 자신의 증상도 훨씬 좋아질 것 같다고 했다. 우리는 몇 가지 시나리오를 놓고 대처 방안을 논의했다. 무엇보다 본인의 안전을 우선시하기로 다짐했고 혼자서 감당하기 어려운 상황이 펼쳐지면 경찰이나 안전요원에게 도움을 청하기로 했다. 추모 행사가 끝나고 며칠 후에 D가 진료실을 찾았다. 밝은 표정이었다.

"다행히 취객도 없고 대부분 추모 행사에 참여하는 사람들이었어요. 안내하고 관리하는 사람들도 많았고 위험하거나 마음 상할 일이 벌어지지 않아 다행이었어요."

D의 마음에 큰 위로가 된 것은 따로 있었는데, 바로 유가족들과의 만남이었다. 그는 그동안 고인들을 살리지 못했다는 죄책감을 짊어지고 있었다. 유가족들이 자신을 원망하거나 비난할 것이라는 두려움도 있었다. 그런 그가 추모행사장에서 용기를 내어 자신을 소개했을 때 유가족들은 그를 반겨주었다. 죄송하다고 고개를 떨구는 그를 안아주고 위로해주었다. 어떤 유가족에게는 자신이 기억하고 있는 고인의 마지막 순간을 전해주는 용기를 내기도 했다. 걱정과 달리 아무도 그를 비난하지 않았다. 비로소 그의 가슴을 짓누르고 있던 깊은 자책이 한꺼풀 걷어졌다. 두려움에도 불구하고 현실을 직시하고자 했던 D의 용기는 선순환으로 이어졌다. 과도한 자책을 덜게 되면서 두려워 억누르고 있던 기억에 한 발자국 더 접근하여 조금 더 구체적으로 외상 기억을 다룰 수 있게 된 것이다.

사고 당일, D는 상황이 얼마나 심각한지 예상하지 못한 채 현장에 도착했다. 현장에 있던 지인의 연락을 받았을 때 응급구조 자격을 갖고 있던 D는 부상자 케어나 현장 지도를 도우면 되겠지 가볍게 생각했다고 말했다. 그러나 그가 목격한 장면은 믿을 수 없을 정도로 참혹했고 압도적이었다. 구조된 사람 중 일부는 심폐소생술을 통해 정신을 차렸지만 일부는 이미 숨을 거둔 상태였다. 그 사람들에게는 아무리 심폐소생술을 해도 깨어날 기미가 보이지 않았다. 손끝에서 차가운 기운이 전해지면 온몸에 소름이 돋았다. 몇 차례 사망자를 반복하여 접하면서 사망의 징후를 읽어낼 수 있었고 그럴 때면 여지없이 알 수 없는 섬짓함과 괴리감이 온몸을 잠식했다. 그럼에도 불구하고 D는 의료인이 사망 선고를 내릴 때까지 심폐소생술을 이어갔다. 온몸이 땀에 젖고 손이 저리도록 멈추지 않았다. 그 당시 상황을 떠올리는 노출치료를 마치고 나면 D는 자신의 손을 한동안 주물렀다. 심폐소생술을 하던 장면을 떠올리기만 해도 그 당시와 똑같이 손이 저려왔기 때문이다. 우리가 다룬 모든 장면들은 그가 절실하게 그 사람들을 살리고 싶었음을, 온몸으로 최선을 다했음을 가리키고 있었다.

연달아 사망자를 접하면서 D가 넋이 나갈 정도로 충격을 받았다는 것을 알 수 있었다. 흥겨운 음악이 흘러나오고 사람들이 붐비는 서울 한복판, 축제 현장에서 사상자가 한꺼번에 쏟아져 나오는 장면이 너무나 비현실적이었던 것이다. 미처 상황을 이해할 새도 없이 D는 사람들을 살리기 위해 움직였다. 이태원은 D의 지인, 선후배들이 자주 찾는 곳이었다. 가까운 지인이 자신의 눈앞에 사상자로 놓여질까 두려움이 엄습했다. 처음에는 머리가 뒤죽박죽 혼란스럽다가 나중에는 마비가 되는 것 같았다. 충격과 무력감에 휩싸였던 것은 D뿐이 아니었다. 일일이 동공반응과 맥박을 확인하며 사망 선고를 내리는 현장의 의사 역시 표정이 점점 어두워졌다. 병원에서 수많은 죽음을 접하는 간호사도 당황한 기색이 역력했다. 의료진이었다면 자신과 달리 그 사람들을 살릴 수 있지 않았을까, 침착하게 대응했더라면 결과가 더 좋지 않았을까. 당시의 기억을 다루면서 D는 오랫동안 자신을 괴롭혔던 죄책감에 실체가 없다는 것을 깨닫게 되었다. 생명을 살리지 못했다는 좌절감, 고인에 대한 미안함, 한순간에 유명을 달리한 동년배에 대한 안타까움, 비극적인 사건을 목격한 데 따른 충격과 슬픔 등 복합적인 고통을 다 합쳐서 죄책감이라고 명명했던 것이다.

강렬한 트라우마 반응은 외상 기억이 아직 처리되지 않았음을 의미한다. 기억을 처리한다는 것은 이해하고 받아들인다는 것이다. 왜 나에게 이런 일이 벌어졌는지, 이것이 어떤 의미를 갖는지, 어떻게 받아들여야 할지 등 수많은 의문에 대해 자신만의 답을 찾는 것이다.

D는 사건의 전체적인 맥락을 복기하면서 자신이 충격을 받을 수밖에 없었음을 이해했다. 자신이 그 순간에 소망했던 선한 의도를 기억했고, 다행히 유가족들로부터 긍정적

인 피드백을 받으며 자신의 기여를 인정받을 수 있었다.

트라우마는 누구라도 피하고 외면하기 급급할 수밖에 없다. 회피와 외면으로 트라우마 기억은 다른 기억들과 아슬아슬하게 분리된다. 그러나 존재하지 않는 것처럼 행동한다고 해서 그 기억과 고통이 사라지는 것은 아니다. 오히려 애써 외면한다는 것은 그만큼 더 신경을 쓰고 있다는 의미이다. 그러다 보니 아주 사소한 단서로도 트라우마는 플래시백과 같은 재경험 증상으로 금세 되살아난다. 고통스러운 기억을 똑바로 들여다보기 위해서는 용기가 필요하다. D는 용기를 내어 두렵고 괴로운 기억을 마주하였고 그 결과 불필요한 죄책감과 고통을 걷어낼 수 있었다. 심지어 보석 같은 긍정성을 찾아내기도 하였다. 그 기억은 여전히 떠올리면 고통스럽지만 이제 더 이상 그를 압도하거나 두려움에 떨게 하지는 않는다.

애를 써도 끝내 답을 찾을 수 없는 것도 있다. 사건 이면의 상황, 누군가의 의도, 고인의 마지막 순간 등 구멍 난 퍼즐 조각이 앞으로 나아가지 못하게 붙잡는다. 구경꾼들에 대한 복잡한 감정은 D에게 아직 숙제로 남아있다. 현장을 둘러싼 수많은 구경꾼들이 모두 공감 능력이 전혀 없는 악마는 아니었을 것이다. 우리는 오감을 통해 현실을 이해하고 인지한다. 현장은 사이렌 소리와 음악 소리가 뒤섞여 귀가 아플 정도로 시끄러웠고, 사방에 화려한 코스튬과 조형물들로 시각적인 자극이 강렬했다. D는 그 시간 이미 많은 사람들이 술에 취해 있었다고 했다. 각자 상황을 지각하고 이해하는 능력이 달랐을 것이라고 했다. 개개인의 상황과 감정을 우리는 다 알지 못한다. 부적절한 행동과 언행에 대해 분노가 치미는 것은 당연하지만 그것을 현장에 있던 모든 사람들 혹은 20·30대 젊은이들로 일반화시키는 것은 경계해야 한다. 타인에 대한 불신이 커질수록 내 안의 세상이 위태로워지기 때문이다.

(3)

세 번째_마주하고 이해하고 돌보다

역경을 극복하는 핵심 비결은 무엇일까? 심리학, 사회학, 교육학 등 다양한 학문 분야에서 역경을 성공적으로 극복한 사례들을 조사한 결과 **사회적 지지**가 회복을 가능하게 하는 가장 핵심적인 요소인 것으로 밝혀졌다. 안정적인 애착, 가족의 지지, 주변과의 긍정적인 관계는 역경을 극복하는 가장 강력한 자원으로 작용한다.

하와이 군도 내 카우아이섬 연구에 따르면 열악한 가정 환경과 알코올 중독 또는 정신 질환을 앓는 부모를 가진 자녀 중 1/3은 건강한 청년으로 성장하였다. 그들은 물의를 일으키지도 않고 학업 성적도 우수했다. 무엇이 이들을 역경으로부터 보호했을까? 그들 곁에는 아이를 믿어주고 지지해 준 '누군가'가 있었다. 비록 가정 환경은 열악했지만 좋은 친구, 선생님, 이웃과의 **사회적 애착**은 역경을 이겨내는 디딤돌이 되었다.

문제해결 능력, 인지 기능, 스트레스 대처 역량, 긍정성 등 개인적인 자원이 충분함에도 불구하고 트라우마에서 벗어나지 못하는 사례들을 보면 대부분 내밀한 고통을 털어놓고 위로받을 대상과의 관계를 맺고 있지 않았다. 주 보호자가 가해자인 경우는 말할 것도 없고, 가족들이 서로에게 관심을 가질 여유가 없는 경우도 있다. 말해봤자 소용없을 것이라고 체념하기도 한다. 주변에 사람들은 적지 않아 보이지만 그 누구도 안전기지 역할을 하지 못하는 경우도 있다.

E는 부모님을 따라 이민을 간 교포였는데 1년 넘게 현지의 직장 동료에게 스토킹과 폭행을 당했다. 견디다 못해 경찰에 신고까지 했지만 정작 가족에게는 알리지 못했다. 가족에게 말할 수 없었던 이유를 물었을 때 E는 어머니의 일생이 얼마나 고달팠는지 얘기했다. E의 어머니는 오래전 알코올 중독자인 아버지와 헤어져 혼자서 자녀들을 키웠다. E는 어머니가 언제라도 자신들을 버리고 훌쩍 떠나버릴 것 같아 마음을 졸였고, 그렇기에 자신이 어머니를 더 힘들게

하면 안 된다고 생각했다. 자신 때문에 가족들이 걱정하고 속상해하는 것을 원치 않는다는 이면에는 자신의 겪은 일을 가족들이 감당할 수 없을 것이라는 우려가 있었다. 오히려 자기가 그들을 안심시키고 위로해야 할 것 같다는 피로감도 있었다. 물리적으로는 가족과 친구, 지인 등 여러 사람이 있는 것처럼 보이지만 그들 중 아무도 자신이 겪은 참상과 고통을 감당할 만큼 안정적이지 않다면 당사자에게 안전한 대상은 없는 것이다.

내성적이고 소심한 E는 어렵게 치료를 결심했다. 몇 년이 지나도 과거의 기억들은 너무나 생생했고 고통이 잠잠해질 기미가 보이지 않았기 때문이다. 현지의 주치의는 E가 모국어로 편안하고 자유롭게 이야기를 할 수 있도록 한국의 정신과 의사인 나에게 트라우마 집중 치료를 의뢰했다. 우리는 주 1회 온라인으로 트라우마 치료를 이어갔다.

"그 사건과 관련해서 마음에 걸리는 게 있나요?"

"자책을 하게 돼요. 그 사람이 같이 놀자고 했을 때 어울리지 않았더라면, 거리를 두었더라면…. 그때 생각이 나면 눈물이 멈추지 않아요. 옷도 찢고 자해를 하기도 했어요."

E의 고통 속에서는 스토킹과 폭력뿐 아니라 소수자로서

의 애환을 느낄 수 있다. 공감은 정확한 이해에서 시작되는데 실상 나는 1년간 해외 연수를 한 것 외에는 집을 떠나본 적이 없다. 나는 열심히 묻고 또 물으며 귀를 기울였다. E가 당시 무엇을 겪고 느꼈을지 이해하기 위해 노력했다. 상대방은 데이트를 거절하면 E에게 발길질을 하고 주먹을 휘둘렀다고 했다. 어느 날은 계단에서 밀쳐져서 굴러떨어지기도 했다. 이러다가는 죽을 것 같아 경찰에 신고를 했지만 당신 나라로 돌아가면 되지 않냐는 냉랭한 반응만 돌아왔다. 비참함과 억울함보다 무력감이 더 크게 다가왔다. 왜 하필 나일까 하며 폭력의 대상이 된 것도, 현실을 바꿀 수 없는 것도 자신이 무능력한 탓이라며 화살을 자신한테 돌렸다. 상상 노출의 마지막은 혼자 방안에서 울고 있는 장면으로 끝나곤 했다. 나는 E의 장면을 따라가면서 그 방이 얼마나 어둡고 적막한지 보이는 것만 같았다. 폭력의 대상이 되는 것만으로도 자신의 가치감에 상처를 입는다. 소수자라는 까닭으로 함부로 대해지는 경험은 한층 더 깊은 생채기를 내었을 것이다. 맞서 싸우기에는 너무 거대한 현실 앞에서 존엄성에 상처를 입은 채 숨죽여 울고 있는 E의 슬픔과 막막함에 마음이 저렸다.

트라우마 치료자는 환자의 기억을 따라가며 고통을 담

아내는 크고 단단한 그릇이 되어야 한다. 기억 속에는 두려움, 슬픔, 분노, 외로움, 절망 등 고통스러운 부분도 있지만 용기, 솔직함, 인내, 선의, 행운과 같은 긍정적인 면모도 있다. 음이 있으면 양이 있듯이 고통을 담다 보면 보석을 발견하게 된다. 또 전후 맥락을 찬찬히 살펴보면 사건을 입체적으로 볼 수 있게 되면서 그 사람의 행동과 반응을 이해할 수 있게 된다.

E는 처음에는 사건에 대해 얘기하며 끊임없이 눈물을 흘렸지만 치료시간이 끝나고 소감을 물었을 때 마음에만 담아두었던 것을 입 밖으로 꺼내어 "시원하기도 했다."라고 말했다. 치료를 거듭하며 E는 트라우마 기억에 점점 더 잘 접근할 수 있게 되었다. 우리는 기억을 체로 걸러 내듯이 잊고 있었던 중요한 정보들을 찾아내었다. E가 찾아낸 모든 장면들은 단순한 실랑이가 아니라 잔혹한 폭력과 죽음의 공포였다. 이성을 잃은 가해자의 모습, 무차별한 발길질과 주먹질은 구타의 정도가 매우 심각하고 위험했음을 알게 했다. 특히 머리를 맞고 벽에 부딪히는 순간 죽음의 공포를 느꼈다는 것을 알게 되었다. 당시의 상황과 사정들도 보다 분명해졌다. 소수자의 어려움을 이해하는 척 친근하게 다가왔던 동료가 이렇게 돌변하리라고는 상상할 수조차 없

었다. 가해자는 직장에서 평판이 나쁘지 않았기 때문에 더 예측할 수가 없었던 것이다. 동료들은 다정한 사람들이었지만 자신의 말을 믿어줄까 확신이 서지 않았다. 자신을 소수자라고 냉담하게 바라보던 경찰이 떠올랐다. 직장 동료들도 그들처럼 소수자인 자신의 말을 제대로 들어줄 것 같지 않았기 때문에 고통을 털어놓을 수가 없었던 것이다. E는 당시에 자신이 얼마나 외로웠는지 떠올렸다. 길바닥에 쓰러진 채 누군가 도와주기를, 폭력이 끝나기만을 바라며 떨고 있던 자신이 불쌍하고 가엾게 보였다. 그제야 분노는 자신이 아니라 가해자를 향하게 되었다.

오랫동안 자신을 옭아매던 자책을 걷어내자 트라우마 집중 치료는 속도를 더했다. 구타 장면은 가장 고통스러운 기억이었지만 여러 번 반복하다 보니 아예 닳을 정도가 되었다.

"치료 전에는 그 사람한테 지금 맞고 있거나 제3자가 되어 그 사람이 나를 때리고 있는 장면을 보고 있는 것처럼 느껴지기도 했어요. 그런데 이제는 정말 끝났구나, 지나간 일이구나 하는 것이 실감이 돼요."

가해자에 대한 공포와 분노는 그냥 그런 나쁜 사람이 있었다는 정도로 순화되었다. E는 자신이 죽지 않고 살았다는 것이 다행스럽다고 말했다. E의 곁에는 의지할 수 있는 가족이 생겼고 이제는 어려움이 생길 때 도움을 청할 수 있다고 말했다.

누구와도 나누지 못하면 트라우마는 과장되고 왜곡된 채로 내면에 화석처럼 굳어진다. 트라우마는 절대로 들켜서는 안 될 자신만의 비밀이 되고, 뜨거운 김이 가득 찬 압력밥솥처럼 언제 터질지 모르는 아슬아슬한 상태가 이어진다. 트라우마를 숨기고 외면하느라 있는 힘을 다 쓰고 탈진 상태가 된다. 혼자 감당하는 트라우마는 이처럼 소모적이다. 반면에 안전하고 지지적인 대상과 트라우마를 나눈다면 객관적인 시점을 통해 자신의 왜곡된 해석을 수정될 기회를 갖게 된다. 아무리 힘든 일도 누군가에게 하소연을 하고 위로와 조언을 받으면 차츰 마음이 안정되는 법이다. 일단 안정이 되면 곰곰이 그 일을 되돌아보며 전후 맥락을 살피면서 나름의 방식으로 사건을 이해하게 된다. 상대방의 반응을 예측할 수 없었기 때문에 더 당황했던 것이라며 스스로를 다독이고, 실상 사람들은 타인의 일을 오래 마음에 담아두지 않는다는 새로운 관점을 갖게 되기도 한다. 자신의 입장에서는 그렇게 할 수밖에 없었다는 것, 이만저만 사정으로 내 상태가 편치 않았다는 것도 떠올리며 불필요한 자책이나 상대방에 대한 원망을 걷어낸다. 자신의 편을 들어주었던 누군가를 떠올리며 긍정적인 마음을 느끼기도 한다. 이런 과정을 통해 고통은 잦아들고 경험과 통찰은 자신의 가치관에 녹아들어 꼭 필요한 정보만 남긴 채 나머지 부분은 흘려보낼 수 있게 된다. 트라우마는 이렇게 효과적으로 나눌 때 비로소 힘을 잃는다.

(4)

네 번째_치료에도 골든타임이 존재한다

트라우마 사건 후에 강렬한 트라우마 반응과 다양한 스트레스 반응을 경험하다가 대부분은 1~2년 안에 회복되는 경과를 밟는다. 사건 전에 특별한 정신적 문제가 없었다면 40~70%는 빠르게 회복되며 15~25%는 속도는 느리지만 결국 회복의 경과를 밟는다. 반면 기존에 정신적 어려움을 갖고 있는 5~15%는 기존의 어려움이 지속된다. 그 사이에 있는 5~30%는 고통이 만성화되거나 혹은 초반에는 괜찮다가 시간이 지나면서 문제를 겪는다. 이 말은 곧, 상당수의 사람들은 이미 충분한 회복력을 가지고 있어서 충격과 고통을 빠르게 소화하는 반면에 일부는 회복이 느리거나 만성화될 수 있으며 심지어 직후에는 없었던 정신적 문제가 뒤늦게 발생할 수 있다는 의미이다.

트라우마 사건을 경험한 이들에게 도움이 되는 것은 신체적, 심리적 안전감을 회복하는 것이며, 누군가 곁에서 필요한 것을 확인해주고, 실질적인 도움을 주거나 필요한 서비스 체계를 연결해주며, 유대감을 느낄 수 있도록 지지체계를 강화하고, 스트레스 상황에 대한 심리적인 대응전략과 과도한 긴장 반응을 가라앉힐 수 있는 안정화 기법을 알려주는 것이 필요하다. 이는 **심리적 응급처치** *Psychological First Aid, PFA*라고 부르는 재난 심리지원의 핵심 요소인데 심리적 응급처치의 기본 전제는 모든 재난 경험자가 심한 정신적 문제를 보이거나 장기적으로 정신적 후유증을 겪는 아니라는 것이다. 재난 경험자들은 각종 스트레스 반응을 보이더라도 결국에는 대부분 회복할 수 있는 힘을 갖고 있으며 적절한 도움을 통해 회복을 촉진시킬 수 있다. 전문가가 아니더라도 표준화된 심리적 응급처치 교육을 받은 사람이라면 누구나 재난이나 위기 사건으로 고통 받는 사람에게 도움을 줄 수 있다.

심리적 응급처치는 트라우마 충격으로부터 빠르게 회복하여 적응을 앞당길 수 있도록 돕는 기법이지만 전문적인 상담이 아니라 곤경에 빠진 사람에게 도움이 될 수 있는 '모든 것'을 각 단위로 구성한 것이다. 구체적으로는 물리적으로 안전한 환경에 머물고, 불필요한 자극을 줄이고 신뢰할 수 있는 사람들과 함께 하도록 하는 것이다. 또 과도한 긴장과 해리 반응을 조절하는 데 도움이 되는 안정화 기법을 익히고 활용하도록 한다. 위로와 격려를 보내는 사람들과 연락을 이어가고, 도움을 받을 수 있는 단체와 연결을 돕는다, 현재의 문제와 필요한 것들을 잘 정리하여 필수품, 의료지원, 돌봄 등 실질적인 도움을 받거나 유용한 서비스 체계에 연계하여 필요한 지원을 받게 한다. 스트레스 반응에 건강하게 대처할 수 있는 방법에 대한 정보를 제공한다.

WHO에서 정의한 PFA의 행동 방침은 '**보고**, **듣고**, **연결하기**'이다. '보기'란 주변 상황이 안전한지 살피고, 긴급하거나 필수적인 도움이 필요한지, 심각한 고통의 징후를 보이는지 확인하는 것이다. '듣기'는 당장 필요한 것과 현재의 걱정에 대해 묻고 우선 순위를 정할 수 있도록 돕는 과정이다. 그들이 현재 처한 상황을 지레 짐작하는 것이 아니라 충분히 보고 들어서 최대한 정확히 파악해야 하며, 쉬운 단어로 반복적으로 설명하여 혼란스러운 중에서도 필요한 정보가 잘 전달될 수 있도록 한다. 어떠한 선입관이나 편견을 갖지 말고 재난 경험자가 겪은 그대로를 인정하는 태도를 취해야 한다. 배려하고 존중하는 마음으로 경청하고 눈 맞춤, 끄덕임 등으로 공감과 호응을 표현한다. 정중한 태도와

침착하고 부드러운 목소리는 안정감을 주어 평정심을 찾는 데 도움이 된다. '연결하기'는 시급하게 필요한 것을 지원하고 사실에 기반한 정보를 제공하는 것이다. 또 친구와 가족, 사회적 지지 체계를 연결할 수 있다. 문제를 해결할 수 있는 내적인 강점과 역량을 일깨워 연결하는 것도 포함된다.

심리적 응급처치는 빠르면 빠를수록 좋다. 트라우마 사건 직후에 가장 충격이 크고 혼란스러워 압도되기 쉽기 때문이다. 또한 앞으로 벌어질 상황에 대한 정보가 없기 때문에 적절한 도움이 없으며 추가적인 스트레스에 연달아 노출되며 심적인 고통이 가중될 수밖에 없다.

2016년과 2017년 두 해에 걸쳐서 서울아산병원 환경보건센터와 함께 가습기 살균제 피해자를 대상으로 하는 정신건강지원사업에 참여했다. 680명의 당사자와 유가족들을 만났는데 그 때 가장 많이 들었던 말은 "진작에 이런 서비스가 있었어야 했다."는 것이다. 가습기는 주로 겨울철에 호흡기 보호를 위해 사용한다. 그런 이유로 피해자 중 상당수는 호흡기 기저 질환이 있거나 호흡기 질환에 취약한 어린아이가 있는 집이었었다. 기침, 각혈, 호흡곤란으로 신체적 고통도 상당했지만 원인을 알 수 없었기 때문에 겪어야 했던 고통도 있었다. 주변 사람들로부터 감염병이 아닌지 의심받으며 기피당했고 아이와 함께 호흡곤란 증상을 겪던 엄마는 자신이 아이한테 병을 옮겼다고 지레짐작하며 마음고생이 심했다는 얘기도 들었다. 부모들은 자신이 직접 탄 가습기 살균제 때문에 아이가 잘못되었다며 극심한 자책에 시달렸다. 상당수의 사람들은 고군분투하며 현실을 받아들이고 적응해 나가고 있었지만, 일부에서는 이러한 상황을 어떻게 받아들여야 할지, 극심한 죄책감을 어떻게 다루어야 할지 모르는 사이에 고통이 켜켜이 쌓였다. 남은 식구들 간에 오해와 갈등이 생기기도 했다. 예상치 못한 비극 앞에서 충격을 피할 방법은 없다. 다만 심리적 응급처치를 통해 심신의 안정을 구체적으로 실천하며 필요한 자원을 적극적으로 활용함으로써 회복의 방향과 속도를 인식하고 보다 안전하게 고통을 겪어낼 수 있다.

PFA는 정신건강 전문가만 하는 것이 아니다. 표준화된 PFA 교육을 받은 사람이면 누구나 재난이나 위기 사건으로 고통받는 사람에게 도움을 줄 수 있다. 재난뿐 아니라 각종 트라우마 사건이 만연한 현대 사회에서 우리 모두가 잠재적인 트라우마 당사자이며, 그들의 친구이자 가족이다. 우리가 PFA를 알고 적용할 수 있다면 내가 당사자가 되었을 때 혹은 당사자의 곁을 지키게 되었을 때 회복을 앞당기는 데 큰 도움이 될 것이다. 현재 심리적 응급처치에 대한 정규 교육은 총 6시간으로 이론과 실습으로 구성되어 있으며, 국가트라우마센터, 권역트라우마센터, 정신건강복지센터, 전문 학회 등에서 시행하고 있다. 지금은 주로 정신건강 영역 전문가와 관련 전공자들을 대상으로 교육이 진행되고 있지만 앞으로는 심폐소생술*Cardio Pulmonary Resuscitation, CPR* 처럼 전 국민이 익히고 실천한다면 지금보다 훨씬 더 트라우마로부터 안전한 사회가 될 것이라고 생각한다.

트라우마는 누구에게나 일어날 수 있지만 준비된 사회일수록 트라우마 충격에서 더 잘 회복될 수 있다. 우리가 살아가는 데 물리적인 안전이 필수인 것처럼 심리적인 안전은 우리 본연의 모습으로 삶을 영위하는 데 있어 필수적인 요소이다. 심리적 응급처치를 통해 우리 자신과 사랑하는 사람들의 심리적 안전을 지키는 데 도움이 되기를 바란다.

심리적 응급처치(PFA) 행동원칙 3L

트라우마나 위기 사건으로 고통을 겪고 있는 사람에게
시행할 수 있는 심리적 응급처치(PFA)에는 세 가지 행동원칙 3L이 있습니다.

원칙1 Look 보고 확인합니다

- 주변의 상황이 안전한지 확인합니다.
- 긴급한 지원이 필요한 사람이 있는지 확인합니다.
- 심각한 고통의 징후나 극심한 스트레스 반응을 보이는 사람이 있는지 확인합니다. (예: 아무에게나 화를 내는 사람, 움직임이나 반응이 전혀 없는 사람 등)

원칙2 Listen 고통과 걱정을 잘 듣습니다

- 도움이 필요한 사람에게 예의바르고 정중하게 다가갑니다.
- 부드럽고 침착한 목소리로 상대방이 평정심을 되찾을 수 있도록 도와줍니다.
- 배려하고 존중하는 마음으로 경청하고 눈 맞춤, 고개 끄덕임 등으로 호응합니다.
- 당장 필요한 것과 현재 걱정에 대해 묻고 우선순위를 정할 수 있도록 합니다.

원칙3 Link 도울 수 있는 사람이나 자원을 연결합니다

- 시급하게 필요한 것을 지원하고 서비스를 받을 수 있도록 도와줍니다.
- 사실에 기반한 정보를 제공합니다.
- 스스로 문제를 해결하거나 대처할 수 있도록 돕습니다.
- 친구, 가족 등 사랑하는 사람을 만나고 사회적 지원을 받을 수 있도록 연결합니다.

● ● ●

Do (지켜주세요!)

- 호응과 제스처를 통해 경청하고 있음을 알리세요.
- 차분한 어조와 태도로 간결하고 명확하게 대화하세요.
- 감정과 생각을 잘 듣고 공감을 표현합니다.
- 당사자의 강점과 잘 대처하고 있는 부분을 인정하고 격려해 주세요.
- 대화하는 동안 자신과 상대방의 심리 상태를 살피세요.

Don't (주의해 주세요!)

- 트라우마나 위기 사건에 대해 이야기하도록 강요하지 마세요.
- 상대방의 행동과 감정을 섣부르게 판단하거나 넘겨짚지 않습니다.
- 전문적인 단어를 피하고 사건에 대한 부정적인 표현을 조심하세요.
- 잘못된 정보를 제시하지 마세요.
- 지킬 수 없는 약속을 하지 마세요.

출처: 국가트라우마센터

(5)

다섯 번째_나를 포기하지 말자

회복은 트라우마에 맞서 자신의 역량과 자원을 총 동원하여 치열하게 싸운 끝에 얻어낸 소중한 승리이다. 역경을 딛고 일어나는 힘은 **회복탄력성**, **회복력** 등으로 불리는데, 개인과 환경이 역동적으로 상호작용하며 적응적으로 나아가는 과정 중에 포함된 모든 역량을 의미한다. 개인의 회복력은 비범한 능력이나 특별한 자원이 아니라 친밀한 관계, 건강한 활동, 자기 돌봄, 자신에 대한 믿음, 긍정성과 같은 일상적인 것들에 바탕을 둔다는 점에서 '일상의 마법'이라고 불린다. 고통의 터널을 빠져나가는 회복력은 우리 모두에게 잠재되어 있으며 몇 가지 팁을 통해 극대화될 수 있다.

1. **지금, 여기**에 집중한다. 앞날에 대한 근심과 걱정, 지나

간 일에 대한 후회는 구체적인 형태 없이 의식을 지배하며 몸과 마음의 에너지를 빠르게 고갈시킨다. 오래 달리기를 할 때 남은 바퀴 수를 세어 본 경험이 있을 것이다. 기운이 넘칠 때는 얼마든지 해낼 수 있을 것 같지만, 곧 숨이 차오르고 다리가 무거워지면서 온갖 부정적인 생각이 떠오르기 시작한다. 남은 거리는 한없이 멀게만 느껴질 것이다. 고통스러운 순간을 견뎌내는 데 도움이 되는 것은 결승선이 아니라 바로 지금, 내딛는 걸음에 온전히 집중하는 것이다. 이것이 곧 **마음 챙김**이다. 마음과 감각을 현재의 문제에 집중한다면 소모적인 잡념이 줄어들고 당신의 힘을 온전히 앞으로 나아가는 데 쓸 수 있을 것이다.

2. 일상에서 **건강한 규칙**을 실천한다. 트라우마 사건은 그 자체로 통제를 벗어나는 경험이며, 심신을 관통하는 강렬한 트라우마 반응에는 쉽게 압도당하고 만다. 내 삶을 스스로 통제하고 있다는 조절감을 잃는다면 안정감을 느낄 수 없다. 조절감을 되찾는 것은 자신이 조절할 수 있는 것과 그렇지 않은 것을 구분하는 것부터 시작된다. 불투명한 미래, 다른 사람들의 생각은 내가 아무리 노력한들 만족스러운 결과를 보장하기 어렵다. 반면에 나의 일상과 행동은 온전히 나 자신에게 속해있다. 먼저 일상생활을 규칙적

으로 유지해야 한다. 트라우마와 스트레스로 인한 불면, 우울감, 무력감, 식욕 변화 등은 일상을 불규칙하게 만들고 활력을 점점 떨어뜨리는 방향으로 악순환이 진행된다. 그 고리를 끊기 위해서는 잠자리에서 일어나는 시간과 식사 시간을 일정하게 유지해야 한다. 반드시 이른 시간에 기상하거나 꼭 하루 세끼를 먹어야 한다는 의미가 아니다. 트라우마 회복에 있어서 수면은 무엇보다 중요하다. 사건 초반에 충분한 수면을 취한 경우와 그렇지 않은 경우는 회복의 양과 질에 있어서 유의한 차이를 보인다. 휴식과 안정을 위해 수면 시간을 넉넉하게 허용하되 기상 시간을 일정하게 유지하는 것을 의미한다. 야간의 숙면을 위해서 주간에는 외출, 일상생활 등 어느 정도의 활동을 유지하며 지나친 음주는 깊은 수면을 방해하기 때문에 피해야 한다. 또한 식사 역시 자신의 컨디션에 맞춰 식사 횟수를 정하되 식사를 할 때는 신체적인 컨디션의 회복에 도움이 될 수 있도록 영양가 있는 음식을 섭취해야 한다.

3. 신체 반응을 완화하는 데 도움이 되는 **안정화 기법**을 익힌다. 심혈관 항진, 과호흡, 플래시백, 해리 반응은 강렬한 감각적 경험이며 이러한 신체 반응 앞에서는 다른 생각을 할 새 없이 압도당하고 만다. 그런데 이러한 신체 반응

을 조금이라도 반응을 가라앉히거나 대처할 수 있게 된다면 당사자에게는 엄청난 무기가 된다. 자율신경을 안정화시키는 기법 중에는 복식호흡, 호흡명상, 근육 이완, 착지기법 등이 있다. 숨이 가빠지거나 심장이 빠르게 뛸 때는 숨을 충분히 내쉬는 것을 시작으로 천천히 호흡하며 들숨과 날숨에 집중한다. 더 나아가 복식호흡을 시도해 볼 수도 있다. 자신의 배를 풍선이라고 생각하고 들이쉬는 공기를 배로 보내 풍선을 빵빵하게 만들었다가 다시 숨을 충분히 내쉬며 바람을 빼는 것을 상상하는 것이다. 긴장 반응은 근육의 수축을 동반한다. 만성적으로 근육이 긴장되어 있는 사람은 근육을 이완시키는 방법도 모른다. 이때는 활을 쏠 때 더 당겼다가 놓는 원리와 마찬가지로 근육을 여러 부위로 나누어 해당 부위를 더 수축시켰다가 천천히 힘을 빼는 근육 이완법을 시행한다. 이렇듯 자신의 의지와 실천을 통해 몸과 마음이 안정되고 조금씩 건강해지는 것을 느낄 때 조절감은 극대화되며 이는 역경을 이겨낼 수 있다는 효능감으로 이어진다.

4. **새로운 시각**과 **다양한 관점**을 받아들인다. 상황에 따라 다양한 대처 전략을 사용하고, 고정된 사고 방식이 아니라 새로운 관점을 받아들이는 것을 **인지적 유연성**이라고 한

다. 유연한 사고를 가진 사람은 어려움에 직면했을 때 다양한 관점을 취해서 창의적인 해결책을 찾아내곤 한다. 치열한 현대 사회에서 사람들은 굳은 목표를 세우고 옆을 돌아보지 말고 전진하라고 배운다. 제자리에 주저앉거나 다른 길로 돌아가는 것은 남들보다 뒤처지는 것이라며 주저한다. 실제로 각 조직에서는 실패를 용납하지 않는 완벽주의적 성향을 갖고 있는 사람들이 좋은 평가를 받고 있는 것처럼 보인다. 평범한 일상 속에서는 이처럼 자신의 틀과 규범을 고수하고 완벽을 추구하는 것이 가능할 수 있다. 그러나 역경 앞에서는 모든 것이 예외가 된다. 성공 가도를 달려온 사람일수록 트라우마를 마주했을 때 크게 무너져 내리는 것을 자주 본다. 그동안 고수해 온 가치관과 신념으로 설명되지 않을 때 이 현실을 어떻게 설명하고 자신의 가치관을 수정해 나갈지 막막한 것이다. 같은 사건을 겪더라도 그것을 받아들이는 방식은 사람마다 모두 다르다. 어떤 사람은 되돌릴 수 없는 실패라고 말하고, 또 어떤 사람은 더 큰 세상을 이해할 수 있게 되었다고 말한다. 스스로를 더 잘 돌봐야겠다는 깨달음, 가족의 소중함, 자신의 강점과 용기에 대해 말하기도 한다. 상황 자체보다 **상황을 바라보는 태도**가 스트레스를 결정한다. 내가 지금 걷고 있는 이 깜깜한 터널을 고단하고 불필요한 인생의 장애물로 볼 것인지, 새로운 모험, 조용한 여행, 용기와 인내를 시험할 무대로 삼을지는 우리 자신이 스스로 결정할 수 있다.

5. **공감과 포용**, **이타성**, **긍정성**은 회복력을 높인다. 희망, 낙관성, 감사, 연민, 수용 등의 긍정성은 회복에 필요한 내적 자원이 되며, 자기조절 능력과 대인관계 능력을 키워 회복에 기여한다. 사람들과 연결되어 있는 느낌은 안정감을 주며, 도움을 주고받고 진실한 감사를 나눌 때 희망과 용기를 느낀다. 공감은 선택 사항이 아니라 인간의 본능에 가깝다. 집단을 이루어 이익을 극대화시키고 이해진화적으로 발달한 역량이기 때문이다. 공동체는 공감과 규범으로 연결되어 있어 역경에 처한 사람의 회복을 도울 때 공동체 전체가 안전해진다. 희망과 낙관성이 큰 사람은 역경을 일시적인 상황이라고 생각하고 미래지향적인 관점을 촉진하여 빠르게 고통으로부터 벗어날 수 있다.

재난이 발생하면 국가트라우마센터와 전문학회는 재난 당사자와 국민들의 심리적인 충격을 완화하고 회복을 촉진시키기 위해 '마음건강 지침'을 발표하고 있다. 코로나19 유행 직후 발표한 마음건강 지침은 감염자에 대한 인신공격과 불필요한 신상 노출 등 이차 가해를 방지하여 궁극적으로 방역 활동을 원활하게 하고 사회의 결속력을 높이기 위한 내용으로 구성되었다.

- 불안은 지극히 정상적인 감정입니다.
- 정확한 정보를 필요한 만큼만 얻으세요.
- 혐오는 도움이 되지 않습니다.
- 나의 감정과 몸의 반응을 알아차리세요.
- 불확실함을 자연스러운 현상으로 받아들이세요.
- 가족과 친구, 동료와 소통을 지속하세요.
- 가치 있고 긍정적인 활동을 유지하세요.
- 규칙적인 생활을 하세요.
- 주변에 아프고 취약한 분들에게 관심을 가져주세요.
- 우리 서로를 응원해 주세요.

우리의 적은 감염병이지 병에 걸린 사람이 아니기 때문에 불필요하게 같은 편에 상처를 주어서는 안 된다. 비단 감염병뿐 아니라 재난 경험자 중 누구도 자신이 당사자가 될 거라 예상하지 못했다. 우리 모두 재난이나 위기 사건으로부터 완전히 자유롭지 못하다. 비난과 차별, 혐오의 말을 내뱉기 전에 나 또는 내 가족이 당사자가 될 수도 있다는 마음을 가져보자. 회복을 기원하는 따뜻한 응원의 말 한마디가 내가 살고 있는 이 사회를 보다 안전하게 만드는 길이 될 것이다.

(6)

여섯 번째_더 나은 사회를 위하여

트라우마는 당사자들의 노력만으로 극복할 수 있을까? 몇 년이나 지난 시간에서 아직도 헤어나오지 못하는 것이 당사자의 의지가 부족해서일까? 나는 단언코 아니라고 말할 수 있다. 일방적으로 당할 수밖에 없었던 트라우마 사건이 첫 번째 화살이라면 두 번째 화살은 자신만의 동굴에서 나와 다시 세상으로 나아가려고 할 때 맞닥뜨리게 된다.

2014년, 세월호가 침몰했다. 아들을 잃은 어머니는 어두컴컴한 방에서 두문불출한 채 아무도 만나고 싶지 않다고 했다. 친정 식구도, 친한 직장 동료도 다 거부한 채 고립된 생활이 이어졌다. 어느 날, 어머니는 사람들이 자신을 걱정하고 기다리고 있다는 것을 깨달았다. 남은 가족들이 자신 때문에 너무 힘들어하는 것 같아 미안한 마음도 들었다. 이제 자신도 용기를 내어보기로 결심했다. 일단 미용실에서 뒤엉킨 머리카락부터 정리하는 것이 좋겠다고 생각했다. 누구에게도 세월호 유가족이라는 것을 밝히지는 않았다. 사람들의 어설픈 동정이나 호기심 어린 시선을 견딜 수 없었기 때문이다. 미용실에 들어선 지 얼마되지 않아 사고에 대해 갑론을박하는 목소리가 들려왔다. 유가족들에 대한 험담도 빠지지 않았다. 어머니는 그 길로 다시 집으로 돌아왔고 마음의 문은 그 전보다 더 굳게 닫혔다. 그 뒤로 오랫동안 어머니는 집 밖으로 나오지 않았다.

반면에 전혀 다른 사례도 있다. 2015년, 수도권의 대형병원을 중심으로 메르스가 퍼져나갔을 때의 일이다. 입원 중이던 환자, 간병하던 가족, 병문안을 다녀온 친지들이 연달아 메르스에 확진되었고, 확진자와 접촉한 사람들에게 격리 조치가 취해졌다. 가족 중에 확진자가 생기면 나머지 식구들의 생활에도 커다란 변화가 일어났다. 확진된 가족이 혹여나 잘못되지 않을까 걱정하는 동시에 자신마저 확진이 되면 어린 자녀나 나이든 부모님을 누가 돌볼지 눈앞이 깜깜했다. 다행히 남은 가족들이 확진되지 않고 격리가 해제되었지만 고민은 끝나지 않았다. 이웃들의 수근거림을 감당할 자신이 없었던 것이다. 아이들이 학교로 돌아가서 따돌림을 당하면 어쩌나 걱정되어 밤에 잠을 이루지 못했다. 그런 걱정이 무색하게도, 아이들의 등교를 앞두고 통화 연결이 된 선생님은 상냥하게 인사를 건넸다. 반 아이들 모두 친구가 격리 기간을 잘 견뎌내길 응원하며 돌아오길 기다리고 했다. 아이는 실제로 학교에서 환영받았고, 의기소침했던 아이는 친구들과 어울리며 활기를 되찾았다. 이웃들도 걱정과 달리 이들을 반겨주었다. 가족들은 빠르게 원래의 일상을 회복할 수 있었다.

두 사례는 재난 트라우마의 회복에 이웃과 사회의 반응이 얼마나 중요한지를 보여주고 있다. 어렵게 첫걸음을 내디뎠을 때 주변의 반응은 당사자를 회복으로 이끌지 아니면 다시 나락으로 떨어질지 경로를 결정한다. 재난이 벌어지는 것을 막을 수는 없었지만 재난 당사자를 둘러싼 주변의 반응은 우리의 몫이다. 대단한 무언가가 필요한 것은 아니다. 따뜻한 환영, 진심어린 위로, 현실의 짐을 덜어주는 작은 손길로 충분하다.

국가트라우마센터는 재난경험자 1,390명을 대상으로 정신적 후유증을 알아보았는데 이들 중 156명에서 새롭게 정신 질환이 발생했다. 자연 재난보다 사회 재난을 경험했을 때, 경제적인 어려움, 재난으로 부상을 입었거나 질병피해를 입을 때 정신 질환 발생 위험이 증가하였다. 주목할 부분은 이차 스트레스가 정신적 후유증에 커다란 영향을 끼쳤다는 점이다. 재난으로 인해 이웃, 지자체, 정부와 갈등이 있었던 경우, 구호 서비스나 복구 과정에서 제공받은 정보가 신뢰되지 않았을 경우, 국가의 의료지원이 충분치 않았던 경우 유의하게 정신 질환 발병 위험이 증가하였다. 재난 직후에는 피해자와 가족에 대한 안타까움과 사태 수습을 위해 온정과 관심이 모아지고 사회적인 유대감이 상승한다. 이를 재난정신건강 측면에서 밀월기*honey moon period*라고 부른다. 그러나 안타깝게도 이러한 밀월기는 매우 짧게 끝나버린다. 온정은 흩어지고, 상당수의 구성원들은 이제 이들의 고통에 피로감을 보인다. 온라인을 중심으로 사건, 당사자 가족에 대한 루머가 퍼지거나 원치 않는 신상 공개로 인해 이차 가해가 발생하기도 한다. 이러한 이차 스트레스는 당사자들에게는 재난 자체로 인한 트라우마와 상실감 못지않은 고통이 된다. 세상을 향한 불신과 분노는 이들의 회복을 가로막는 걸림돌이 된다. 달리 말하면, 재난 당사자들에게 사회적인 온정과 지지가 계속된다면 이들이 더 잘 회복될 수 있다는 의미이기도 하다.

초반부터 사회가 트라우마 당사자에게 유달리 냉담하게 반응하는 경우가 있다. 감염병 유행이 대표적인 예이다. 감염병은 불확실성이 매우 높은 재난으로 위험원을 눈으로 확인할 수 없다 보니 자신이 감염원에 노출되었는지, 노출되었다면 감염이 된 것인지, 치료 후에도 감염원이 아직 몸 안에 남아있는 것은 아닌지 불안이 끝없이 이어진다. 불안과 불만족감은 감염병 확진자와 격리자와 같은 일차 피해자에게 향한다. 눈에 보이지 않는 감염원 대신 확진자와 격리자를 위험 요인으로 낙인찍는 것이다. 사회적 약자에게도 불똥이 튄다.

역사적으로 감염병 대유행 때 이방인에 대한 배척과 혐오가 증가했던 사례들을 쉽게 찾을 수 있다. 14세기 흑사병이 유럽을 휩쓸었을 때 유대인과 집시가 '우물에 독을 탔다'는 루머의 대상이 되어 유대인에 대한 학살이 자행되었고, 19세기 미국에서 천연두가 유행하자 중국 이민자 탓으로 돌려 이들을 추방시키기도 하였다. 매독이 기승을 부리던 시절에 각 국가에서는 적대국가의 이름을 본 따 병명을 붙이기도 했다. 수백 년이 흘렀지만 코로나19 유행에 대한 사회적 반응은 놀랍도록 비슷했다. 국내에 첫 번째 코로나19 확진자가 발생하자 이방인 혐오가 본격화되며 중국과 중국인에 대한 혐오 발언이 공공연하게 들려왔다. 이어서 대구, 신천지, 이태원, 성소수자 등 대상만 바뀔 뿐 특정 집단에 대한 낙인과 비난, 혐오가 이어졌다. 해외에서는 아시아인을 대상으로 한 폭행과 총격 등 혐오 범죄가 끊이질 않았다. 불안에 휩싸인 공동체 안에는 각종 루머와 혐오가 만연하며 갈등과 분열이 발생한다. 공동체 안에서 서로의 상처들이 곪고 연쇄적인 상처가 발생하면서 사회 전체가 집단 트라우마에 빠지는 것이다. 그 안에서 집단은 구성원에게 또 다른 가해자가 된다.

집단 트라우마는 공동체 또는 사회 전체가 심리적 충격을 받을 정도로 규모가 크거나 충격적인 사건을 말한다. 홀로코스트와 같은 대규모 학살, 9·11 테러, 전쟁, 대형 재난, 그리고 국내로는 한국전쟁, 4·16 세월호 참사, 5·18 광주민주화운동이 있다. 집단의 구성원들은 사건에 직접 휘말리거나 간접적인 노출을 통해 충격과 상처를 공유한다. 현대사회는 미디어의 발달로 지구 건너편에서 벌어지고 있는 전쟁, 지진 등의 참상을 실시간으로 접하게 된다. 모바일 기기는 참혹한 영상을 눈앞에 생생하게 펼쳐놓는다. 참혹한 비극을 목도할 때 동시대를 살아가는 사람들은 충격과 연민을 느끼고 근본적인 신념과 가치에 의문을 갖게 된다. 자신이 믿고 있는 상식과 정의가 실제 작동하는지, 세상이 정말 안전한지, 주변의 사람들을 믿어도 되는지, 세상을 살아가는 데 가장 근간이 되는 안전과 신뢰에 대한 믿음이 흔들리는 것이다.

미국의 사회학자인 카이 에릭슨*Kai Erikson*은 집단 트라우마 상태에서 사회 구성원 간의 애착과 신뢰가 파괴되어 함께 할 '우리'가 존재하지 않게 된다고 하였다. 이는 자신이 속한 공동체의 정체성에 대한 혼란으로 이어진다. 특히 약탈, 차별, 인권 유린 등 혐오에서 비롯된 사건은 공동체에게 무력감, 패배감, 수치심을 가져오고 자신이 속한 공동체의 가치감을 떨어뜨린다.

해결되지 못한 집단 트라우마는 구성원들의 기억에 오랫동안 공유되며 심지어 다음 세대까지 이어진다. 사건을 직접 겪은 세대를 넘어 후세대까지 영향을 미치는 것이다. 홀로코스트, 르완다, 보스니아, 캄보디아 등 대량학살 생존자의 자녀들을 조사한 연구들에서 집단 트라우마 사건 이후에 태어난 자녀들에서 불안 장애, 외상후 스트레스 장애, 우울증이 대조군보다 유의하게 더 많은 것으로 나타났다. 부모의 우울과 불안은 사고 방식, 행동 패턴, 감정을 통해 자녀에게 전달된다. 트라우마를 경험한 부모는 자녀를 과도하게 보호하거나 과잉 감정 표현을 하는 경우가 많으며, 부모의 결핍을 충족시키도록 강요하는 경향이 있다. 이는 부모와 자녀 간의 안정적인 애착 형성을 어렵게 하고 자녀의 정서적 문제로 이어질 수 있다. 트라우마를 경험한 자녀에서 생물학적인 변화가 보고되기도 한다. 스트레스 조절 중추인 뇌하수체 중심의 내분비 체계의 교란이 관찰되는데 이로 인해 면역기능 저하, 심혈관 질환, 당뇨병, 염증 증가와 같은 신체적인 질환이 증가하기도 한다. 뿐만 아니라 일부에서 유전자 염기 서열의 변화까지 보고되어 트라우마의 대물림이 생물학적으로 발생할 수 있음을 시사하고 있다.

분열, 패배, 수치심으로 기억되는 집단 트라우마는 미래 세대까지 부정적인 영향을 미치지만 반면에 함께 힘을 합쳐 역경을 극복한 기억은 공동체에게 자부심이 된다. 실제로 집단 트라우마가 결속력을 더 강화시키는 사례를 적지 않게 찾아볼 수 있다. 공통의 상처를 경험하면서 자연스럽게 공감대가 형성되고 서로를 지지하게 되는 것이다. 이러한 **결속력**과 **유대**는 역경을 이겨내는 동력이 된다. 또 역경의 극복이라는 과업에 집중하게 되어 미래에 대한 걱정과 불안에서 일시적으로 벗어나는 유토피아적 효과도 나타난다. 실재적으로는 기존의 제도를 개선하고 새로운 정책을 마련하는 계기가 되는데 구성원들은 정부와 사회 기관에 개선을 요구하고 변화를 이끌어내기 위한 활동에 더 많이 참여한다. 이를 통해 위기관리 체계가 개선되며 미래의 위험에 보다 효과적으로 대응할 수 있게 되는 것이다.

단기적으로는 자원의 배분이 중요하지만 시간이 갈수록 공동체에 대한 신뢰, 집단의 규범, 다양성과 가변성에 대한 존중과 같은 사회적 자본의 중요성이 커진다. 결국 역경의 극복은 탄사회적 자본이 얼마나 탄탄한가에 달려있다. 공동체에 대한 신뢰 수준이 높을 때 구성원 개인의 이익과 집단의 이익이 상충하는 것이 아니라 **공존한다**는 인식이 쉽게 받아들여진다. 피해를 입은 구성원을 도와야 한다는 것이 상식인 사회, 피해자에 대한 루머와 혐오를 적극적으로 경계하며 이들이 고립되거나 모욕당하지 않도록 보호하는 것을 당연하게 생각하는 사회에서 살고 있다고 상상해 보자. 피해를 입은 당사자는 강력한 사회적 지지를 바탕으로 순탄하게 회복의 경과를 밟을 것이다. 구성원은 자신이 속한 공동체를 신뢰하고 자부심을 가질 것이다. 누구라도 곤경에 처할 때 집단으로부터 보호를 받을 것이라고 믿기 때문이다.

사회적 자본이 튼튼한 사회는 역경 앞에서 불필요한 갈등을 줄이고 결속력과 유대감을 강화해 나간다. 이를 통해 집단이 가진 잠재력과 효능감은 더욱 강화되고 긍정적인 정체성을 키워나갈 수 있게 된다.

4장

더불어 살아가는 우리에게 전하다

TRAUMA

(1)

나 그리고 우리를 지키는 방법이 있다면

트라우마로 고통받는 당사자를 제외하고 나머지 사람들은 빠르게 사건을 잊어간다. 당사자에게도 일상으로 돌아갈 것을 종용한다. 그만하면 됐다 혹은 이제 괜찮아질 때도 되지 않았냐고 한다. 정신적인 고통은 눈에 드러나지 않다 보니 이해를 받기가 어렵다. 트라우마뿐만 아니라 우울증이나 불안 장애로 고통받는 환자들은 한결같이 말한다.

"도대체 왜 우울하냐면서, 밖에 나가서 사람들도 만나고 운동이라도 하라고 해요. 나도 하고 싶은데 안 되는 거라고 설명해도 그때뿐이에요. 차라리 어디가 부러지거나 베여서 피가 나는 게 나을 것 같아요. 밖으로 보여지는 문제가 아니어서 그런지 사람들이 이해를 못 해요."

이해받지 못하는 상황이 반복되고 자신만 세상에서 동떨어진 것 같은 고립감과 외로움으로 고통은 가중된다.

국가트라우마센터는 재난 후 **정신적 후유증**을 결정짓는 요인이 무엇인지 알아보기 위해 재난경험자 1,390명의 자료를 분석하였다. 자연 재난보다 사회 재난을 경험했을 때, 경제적인 어려움, 신체적인 부상을 입었을 때 정신적 후유증이 증가했다. 뿐만 아니라 이웃, 지자체, 정부와 갈등 역시 재난 경험자의 정신건강을 직접 악화시키는 것으로 나타났다.

가족과 지인들도 당사자를 힐난하려는 의도는 아니었을 것이다. 보호자들은 그들대로 고충을 표현한다. 빨리 회복되지 않아 걱정스럽고 뭐가 문제인지 도통 이유를 모르겠어 답답하다는 것이다. 그러나 당사자에게 닿지 않는 말들은 상처가 될 뿐이다. 그렇다면 고통의 한가운데 있는 당사자에게 위로가 되는 말은 무엇일까. 사실 트라우마 전문가라고 하는 나 역시도 막상 같은 상황에 놓이니 무슨 말을 해야 할지 몰라 머뭇거리게 되었다.

코로나19 유행 첫 해의 일이다. 수도권을 중심으로 유행이 점차 확산되면서 직원이나 직원의 가족들이 코로나19

에 감염되기 시작했다. 지금이야 코로나19 감염을 대수롭지 않게 여기지만 2020년만 해도 코로나19 감염은 당사자뿐 아니라 가족과 주변 사람들까지 엄청난 타격을 주었다. 고령층의 사망률이 10%에 이르렀고 밀접 접촉한 사람들은 2주 동안 철저한 격리를 유지하며 누군가 확진이 되면 그 사람 주변으로 다시 격리가 2주 연장되는 괴로운 상황이 계속되었다. 코로나19 확진자와 격리자에 대한 심리 상담에 있어 베테랑인 국가트라우마센터 직원들조차 자신이 그런 상황에 놓이자 당황하고 절망했다. 트라우마 앞에서는 베테랑도, 전문가도, 그 누구도 예외가 없다는 것을 절실하게 깨달았다. 다들 동료가 격리기간 동안 별일이 없기를, 동료의 가족이 회복하기를 걱정하고 기원했다. 다행히 동료가 무사히 복귀하게 되었는데 반갑고 환영하는 마음을 어떻게 표현할지 잘 떠오르지 않았다. 당사자가 겪은 고통이 가볍지 않음을 알고 있었고 내가 미처 모르는 어려움이 더 있을지도 모르는 일이었다. 내 마음을 잘 전달하면서도 상대에게 상처를 입히지 않을 알맞은 말을 골라내어야 했다. 같은 고민을 하는 사람들이 많을 것이라는 생각도 들었다. 그런 고민을 담아 국가트라우마센터에서 '코로나19로 힘들어하는 이들에게 도움이 되는 말 vs 도움이 되지 않는 말'을 제작했다. 비단 코로나19뿐만 아니라 트라우마로 힘들어하는 사람들에게도 폭넓게 적용할 수 있다.

첫 번째는 **공감의 표현**이다. 자신의 고통과 고민을 누군가에게 드러내는 것은 쉬운 일이 아니다. 그만큼 이해받고 싶고 위로를 원하는 것이다. 선입관을 버리고 열린 마음으로 듣다보면 상대방의 마음이 전달될 것이다. 이것을 그대로 표현하면 된다. "많이 힘들었구나. 정말 고생했어." "그런 점이 힘들었구나. 얘기해 줘서 고마워. 네 상황에 대해서 더 잘 이해할 수 있게 되었어."

두 번째는 **환영의 표현**이다. 세상에 대한 회의와 두려움으로 자신만의 동굴에 있다가 어렵게 결심을 하고 세상 밖으로 나갔을 때 그 사람을 맞이하는 사람들의 반응은 특히나 중요하다. F는 사고 이후 몇 년째 사람들과의 만남을 피하고 있었는데 어느 날 친하게 지내던 소수의 지인들과 만나기로 했다고 말했다. F는 설레하면서도 두려워했다. 주치의인 나 역시 마찬가지였다. 어렵게 결심한 F가 사람들 때문에 상처를 받고 더 깊은 동굴 속으로 숨어버리지 않을까 걱정이 되었다. 다행히 F는 다음 진료 시간에 밝은 얼굴로 나타났다. "사람들이 너무 반가워해줬어요. 힘들 텐데 나와줘서 고맙다고요. 처음보다는 나아졌지만 아직도 힘들다고 하니 다들 고개를 끄덕이더라구요. 그대로 인정받고 받아들여지는 것 같았어요. 그것만으로 충분했어요."

세 번째는 **격려와 응원**의 표현이다. "힘든 시간을 잘 견디고 있구나. 남아있는 문제들도 잘 해결될 거야. 같이 힘내보자." 트라우마로부터 나아가는 것은 장거리 달리기이다. 지루할 정도로 정체되었다가 한 번 추진력을 얻으면 앞으로 성큼 나아간다. 그러다가 걸림돌을 만나면 다시 정체되기도, 한 발자국 뒤로 물러서기도 한다. 이처럼 부침을 거듭하는 장거리 달리기에서 좌절하거나 지지치 않고 계속 나아가기 위해서는 격려와 응원이 필요하다. 트라우마 치료자도 마찬가지이다. 코치나 치어리더처럼 당사자를 독려하면서 함께 기억에 맞서고 새로운 해석과 의미를 만들어 간다.

넷째는 **진심어린 관심과 도움의 표현**이다. "불편한 건 없어? 필요한 게 있으면 말해줘." "힘들 때 언제든지 연락해." "조금이라도 도움이 되었으면 좋겠어." 재난과 위기 사건은 크고 작은 스트레스를 수반한다. 코로나19 확진 후에 겪은 일들을 조사해보니 재감염 걱정, 가족과 지인의 안녕에 대한 염려, 격리 스트레스, 직장 복귀 문제, 가족 갈등, 사회의 부정적 반응 등 평균 6~7개의 스트레스를 경험하는 것으로 나타났다. 더 큰 문제는 이러한 스트레스가 동시다발적으로 발생한다는 점이다. 사건의 충격과 상실에 더해 복잡다단한 스트레스가 얹어지면서 당사자를 주저앉히는 것이다. 이때 주변 사람들이 당면한 문제들을 조금씩만 덜어준다면 엉킨 실타래가 풀리면서 압도된 상태에서 벗어날 수 있다. 누군가 밀린 업무를 도와주거나 일정을 연기해주고 가족과 관련한 돌봄을 도와줄 때 지지받고 연결되어 있음을 느끼게 될 것이다. 이러한 긍정적인 경험은 남은 문제들에 맞설 수 있는 소중한 자원이 된다.

잠재적인 위험으로부터 나를 지켜주는 것은 '나'와 '너'의 구분이 아니라 '우리'와 '함께'라는 유대감과 이타성이다. 보편적인 이타성은 서로에 대한 신뢰를 북돋우고 나를 세상과 연결시키는 핵심적인 요소이기 때문이다. 타인을 응원하고 돕는 이타적인 활동은 자신의 효능감과 자존감도 향상시킨다. 거창하게 시작할 필요는 없다. 고단한 격리에서 벗어난 동료에게 그저 말을 건네보자. 따뜻한 공감과 위로, 응원은 개인의 회복을 촉진시키는 마중물이 되며, 이는 우리 사회의 심리적 안전망을 더욱 공고히 하는 실마리가 될 것이다.

누구보다 회복을 바라는 것은 당사자 자신이라는 것을 잊지 말아야 한다. 사람들은 절망의 끝에서 충격과 상실을 받아들이고 일상을 살아가기로 용기를 낸다. 많은 연구들에서 위기 속에서도 사람들은 회복을 위한 힘을 발휘하고 결국 그것이 작동함을 보여주고 있다. 우리가 해야 할 것은 그저 이들의 회복을 방해하지 않는 것이다. 어렵게 첫걸음을 내디뎠을 때 주변의 반응은 일상으로의 회복을 촉진할 수도, 이들을 다시 주저앉힐 수도 있다. 사고를 막을 수는 없었지만 사회의 반응은 우리가 결정할 수 있다. 대단한 무언가가 필요한 것이 아니다. 이들을 세상과 다시 이어주는 것은 따뜻한 환영, 진심어린 위로, 현실의 짐을 덜어주는 작은 손길이다. 이태원 참사 생존자의 말이다.

"우리 서로에게 조금만 더 다정하게 해주면 안 될까요?"

(2)

나와는 관계없다는 착각, '가짜 안전'이 아닐까요

세월호 사고로 자식을 잃은 부모, 강원 산불로 집이 전소된 노부부, 딸의 자살 이후 수년째 고통 속에 살고 있는 어머니, 몰카 피해를 입은 여성…. 사건의 성격도, 정황도 모두 다르지만 이들은 모두 비슷한 말을 했다.

"나한테 이런 일이 벌어질 줄 꿈에도 몰랐어요."
"이런 일은 티브이에나 나오는 거라고 생각했어요."

트라우마 측면에서 우리는 모두 평등하다. 누구에게나 재난과 사고가 닥칠 수 있기 때문이다. 부유하거나 권력자라고 해서 트라우마로부터 자유로울 수 없다. 추락한 비행기 안에는 성공한 벤처 사업가와 부유한 유학생도 있었다.

자신감 넘치는 중견 간부도 수십 년 전 자살한 동생의 기일이 다가올 때면 환각과 불면증이 도지곤 했다. 드라마 속의 주인공들은 한결같이 능력자임에도 불구하고 극복하지 못한 트라우마를 갖고 있다.

그럼에도 불구하고 왜 우리는 비극적인 사건이 남의 일이라고 생각하는 실수를 반복할까. 안전은 인간에게 가장 기본적인 욕구이다. 안전이 위협받는 상황에서 극심한 불안과 공포를 느끼는 것은 진화론적인 측면에서 매우 합리적이다. 안전을 되찾을 수 있는 행동을 즉시 개시하도록 만들기 때문이다. 그러나 각성과 강렬한 신체 반응은 그만큼 고통스럽기도 하다. 그래서 안전이라는 환상은 너무나 달콤하고 유혹적이다. '나는 안전할 것'이라는 믿음 속에 안주할 때 편안하고 만족스러운 상태가 된다. 그렇기 때문에 각종 미디어에서 하루가 멀다하고 쏟아지는 사건·사고에 대해서도 잠시 놀라고 걱정하다가 곧 남의 일로 치부해 버리는 것이다. 어느 정도 설명이 되지 않으면 계속 마음에 걸리기 때문에 나름의 이유를 붙이기도 한다. 감염병에 걸린 것은 조심하지 않았기 때문이며 이태원 사고는 무분별하게 놀러 다녔기 때문이라는 식이다. 성폭력 피해자가 충분히 저항한 것이 맞는지 의심하는 것도 비슷한 예이다. 뉴스, 온라인 게시판, SNS, 댓글 중에서도 자신의 믿음에 부합하는 소식만 선별적으로 접하며 점점 확신을 더해간다. 비극은 타인의 일이라고 경계를 짓고 나는 조심하니까 괜찮다고 생각한다. 이런 식의 합리화로 당장은 안전감을 유지할 수 있을지 모르지만 언제고 자신에게 부메랑으로 돌아올 수 있다는 점에서 '가짜 안전'에 불과하다.

공감과 **연결**의 힘은 상상을 초월할 정도로 강력하다. 많은 세월호 유가족들이 가장 위로가 되었던 순간으로 5·18 광주민주화운동 유족과의 만남을 꼽았다. 당사자들은 만남 자체로 깊은 위로를 받았고 누군가와의 진정한 연결을 느낄 수 있었다고 했다. 이러한 경험은 다른 유가족들에 대한 위로로 이어졌다. 이후 세월호 유가족들은 이태원 유가족들을 찾았다. 어떤 고통과 어려움을 겪고 있을지, 그들 앞에 놓인 길이 얼마나 험난할지 누구보다 잘 알고 있었기 때문이다. 이태원 사고로 딸을 잃은 어머니는 "세월호 사고가 났을 때 뉴스 보면서 참 안됐다 하면서 지나갔는데, 얼마나 힘들고 고통스러웠을지 이제야 알 것 같아요."라고 말했다. 일면식도 없는 사이였지만 거부감 없이 마주했으며 동시에 눈시울을 붉히고 서로를 안아주며 위로했다.

공감은 쓰러진 사람을 일으킬 수 있는 강력한 힘이다. 진정한 공감은 교집합을 이루고 있는 두 집합에 비유할 수 있다. A와 B는 공유하고 있는 동시에 명백히 다른 존재이다. 공감은 상대방의 입장과 상황을 잘 아는 것에서 시작한다. 상대방이 분명하게 이해될 때 감정이 공명하며 동조된다. 자신의 이해와 감정을 전달하면 상대방은 더 깊이 내면을 탐색하고 표현할 수 있게 되며 이는 다시 더욱 진화된 이해와 공감을 일으키는 선순환이 이루어진다. 그러나 동시에 두 사람이 별개의 존재라는 사실은 변하지 않는다. 어쩔 수 없이 자신의 선입관과 편견이 작용하고 있음을 인지해야 한다. 지금 내가 느끼는 슬픔과 분노는 고통받는 상대를 보면서 내 마음 깊숙이 있던 기억이 건드려진 결과일 수 있다. 나와 상대방을 동일시하는 것은 모두에게 도움이 되지 않는다. 진정한 공감은 이해하려고 노력하는 가운데 서로에 대한 이해가 조금씩 깊어지는 것이다.

"왜 나한테 이런 일이 생겼는지 이해할 수가 없어요. 지금까지 살면서 남한테 나쁘게 한 적도 없고 그저 열심히 살았는데…"

하루 아침에 벼락같이 찾아온 비극은 너무나 고통스러워서 '벌'이라는 생각까지 들게 한다. 아무리 생각해봐도 이런 '벌'을 받을 이유는 없기 때문에 도저히 받아들일 수 없는 것이다. 그러나 트라우마는 비극일지언정 '벌'은 아니다. 그저 랜덤하게 들이닥치는 불청객인 것이다.

선한 사람에게도 나쁜 일은 벌어진다. 어쩌면 당연한 사실이 어떤 날은 참으로 뼈아프게 느껴진다. 그러나 뼈아픈 진실을 받아들이는 것이 회복의 시작이다. 모든 회복은 수용에서부터 시작되기 때문이다. 때 묻지 않은 어린이부터 효심이 깊은 딸, 성실한 가장, 평화로운 노년을 고대했던 부부에 이르기까지 죽음은 피할 수 없고 어떤 모습으로 맞이할지 우리가 선택할 수 없다는 것을 '그저' 받아들이는 순간, 안전이라는 허상에 대한 집착을 버릴 수 있다. 애초부터 답이 없는 문제였을지 모른다. 풀 수 없는 문제에 매달렸던 족쇄를 끊을 때 비로소 현재를 살아가게 되고 미래를 바라볼 수 있다. 그리고 그 주변에는 나의 고통을 안타까워하고 나의 회복을 응원하며 보호해주는 사람들이 있다. 그런 사회가 트라우마에 강한 사회이다. 그리고 그 속에서 나와 내가 사랑하는 사람들은 '진짜 안전'해 질 것이다.

(3)

가득 찬 양동이에는
한 방울만 떨어져도 넘칠 텐데

트라우마의 회복이 유독 더딘 경우가 있다. 사건 자체의 특성이 회복의 속도에 영향을 미칠 수 있다. 대량 인명 피해, 참혹한 사건 현장, 성폭력, 사랑하는 사람의 죽음, 장시간 사건 현장에 노출되거나 비슷한 사건을 반복해서 겪은 경우에 더욱 집중적이고 장기간의 치료를 필요로 한다. 사건 이후 낙인이나 갈등, 루머, 경제적 곤란, 법적 분쟁 등 이차 스트레스가 이어지는 경우도 회복 경과가 순탄하지 않다. 또한 사건 이전부터 스트레스가 많았다면 이 경우에도 트라우마 회복에 어려움을 겪는다.

G는 업무 중 부하직원이 다치는 장면을 목격하였다. 베인 부위의 살점이 떨어져나갔고 감은 붕대 위로 피가 계속

새어나왔다. G는 의무 담당자를 도와 응급처치를 했기 때문에 상처를 가까이서 볼 수밖에 없었다. 부상자가 이송된 뒤에는 바닥에 흩뿌려진 피를 직접 닦았다. 사람들을 안심시키기 위해 앞장서서 현장을 수습하고 남은 업무까지 마친 후에 퇴근을 하였다. 그런데 얼마 지나지 않아 PTSD 증상이 시작되었다. 고기류를 일절 입에 댈 수 없었고 사고가 일어났던 현장 근처에만 가도 식은땀이 났다. 횡단보도 앞에 서면 차들이 자신을 향해 돌진할 것 같아 공포스러웠다. 정작 부상자는 치료를 받은 후 무사히 퇴원하고 직장으로 돌아왔지만 G의 일상에는 심각한 문제가 생겼다. 조금만 쉬면 나아질 것이라고 생각하며 휴직을 신청했지만 증상은 수그러들 기미가 보이지 않았다. 티브이를 보다가 조금이라도 잔인한 장면이 나오면 채널을 돌려버렸고 작은 소리에도 깜짝 놀라며 잠을 이루지 못하였다.

트라우마 집중치료를 진행하면서 사건 현장과 관련한 자극에는 둔감해졌는데 직장에 대한 거부감이 수면 위로 올라왔다. G는 직장에 복귀하지 못하는 스스로를 자책했다. 다른 사람들 역시 자신을 이상하게 볼 것이라고 생각하며 동료와 지인들을 피했다. 치료를 거듭하며 우리는 G가 사건 전부터 과도한 업무에 시달리고 있었음을 알게 되었다. 사고 당일도 현장만 급히 수습하고 곧바로 업무를 봤어

야만 할 정도였다. 지난 몇 년간 출근하면 끊임없이 쏟아지는 업무를 처리하며 혹시 실수가 생길까 봐서 종일 긴장했고 게다가 최근에는 중요한 업무를 맡게 되면서 부담이 더욱 커졌다. 상사의 권위적인 업무 처리 방식 때문에 갈등이 생기기도 했다. 면역력이 떨어져 잦은 병치레가 끊이지 않았다. 그야말로 소진의 끝자락에서 사고를 목격하며 무너졌던 것이다.

소진 *Burnout* 은 '차차 줄어들어 없어지는 것, 다 써서 없어지는 것'이며, 캠브리지 영영사전 *Cambridge Dictionary* 에서는 소진을 "과로로 인해 에너지 또는 열정이 사라진 상태"로 정의하고 있다. 2019년, WHO는 소진을 **'만성적 직장 스트레스 증후군'**으로 규정하기에 이르렀다. 에너지가 고갈된 느낌, 탈진, 업무와 관련된 부정적 감정, 직무효능감 저하가 소진의 핵심 증상이다. 코로나19 유행이 끝날 기미가 없이 장기화되면서 전담병원의 의료진과 보건소 직원들은 하나둘씩 소진 상태에 빠졌다.

"오미크론 유행 때도 버텼는데 요즘은 왜 이렇게 힘든지 이해가 안가요."

"이게 다 무슨 소용인가 싶어요. 이제는 이 일이 나한테 잘 안 맞는 것 같다는 생각까지 해요."

"능력 있는 사람들은 떠나고 갈 곳이 없는 사람들만 남았다고 생각할 것 같아요. 무능한 사람이 된 것 같아요."

몸과 마음이 지치고, 자신이 제대로 일을 하고 있는 것인지 확신하지 못하며 괴로워했다. 그러다 보니 일과 직장에 대한 회의감마저 들었다.

소진은 개인적으로도 고통이지만 조직과 사회로서도 큰 손실을 초래한다. 병가, 이직, 사직으로 이어져 역량 있는 개인이 기관에서 이탈하기 때문이다. 중국, 홍콩, 캐나다 등을 중심으로 사스*SARS*가 유행했을 때 의료진의 30%는 심각한 소진을 보고했는데 이들은 감염병이 종식된 후에도 일반 환자와의 대면 접촉을 기피하고 근무시간이 감소하는 등 업무에 대한 수동적이고 철수적인 행동을 보였다. 코로나19 유행 시기에도 마찬가지이다. 코로나19 치료를 전담했던 서울의료원과 국립정신건강센터의 의료진 사직율이 전년 대비 2배 이상 증가했고 보건소 직원의 퇴사율과 휴직율은 전년 대비 1.5~2배 증가했다. 다른 나라의 사정도 별반 다르지 않다. 2021년 캐나다의 보건의료 인력 공백은 2년 전보다 2배 늘어났으며 미국에서는 올해 간호사 부족이

100만 명에 달할 것으로 보고 있다. 심지어 보건의료계의 인력 공백은 향후 3년 동안 더욱 커질 것으로 예상된다.

심각한 소진을 보이는 사람의 1/3은 자신이 소진되었다는 것을 전혀 인식하지 못하거나 시간이 지나면 좋아질 것이라고 막연하게 기대한다. 시간이 지난다고 다시 에너지가 차오르고 소진이 해결될까. 2021년부터 2023년까지 한국트라우마스트레스학회와 국가트라우마센터가 의료진들의 정신건강과 소진 상태를 조사해 보니 우울과 불안은 40% 이상 감소한 반면에 소진은 7~10% 감소하는 것에 그쳤다. 병원과 보건소 업무가 정상화되어도 탈진과 냉담의 소진 상태는 크게 변화하지 않았다.

소진의 문턱에 와있는 사람은 물이 가득 찬 양동이와 같다. 조금씩 차오르는 물줄기에 자기도 모르는 사이에 잠식되어 버린 것이다. 이제 가득 찬 양동이는 한 방울만 떨어져서도 넘쳐버릴 것이다. 그런데 이미 양동이가 가득 차 버렸음을 인지하지 못한다면 왜 그만한 일을 견디지 못하냐고 소진된 사람을 다그치는 우를 범하게 된다. 심지어 당사자도 스스로를 이해하지 못하고 자책하며 더욱 깊은 수렁에 빠지게 될 것이다.

강의 범람을 막기 위해 사전에 통제 수위를 정하듯이 소진을 막기 위해서는 자신만의 위험 수위를 정확하게 알아야 한다. 자신의 소진 정도를 민감하게 알아채고 스스로를 돌봐야 한다.

무엇보다 업무량을 관리하는 것이 중요한데 업무 계획을 현실적으로 세우고 업무의 우선순위를 정하며, 아무리 다급한 경우라도 근무시간의 한계점을 설정해서 지키도록 노력한다. 하루 일과의 일지를 작성해서 시간과 양을 살펴보고 조정할 수도 있다. 자신이 할 수 있는 것과 없는 것을 분명하고 경계를 넘는 경우 거절을 표현할 수 있어야 한다. 일상생활을 균형 있게 영위하는 것도 매우 중요하다. 규칙적인 수면과 식사는 생체 리듬을 일정하게 유지하는 데 중요한 역할을 한다. 특히 식사는 정크 푸드나 과도한 카페인을 피하고 충분한 영양소를 포함되는 양질의 식사를 해야 한다. 신체적 건강뿐만 아니라 자신에 대한 돌봄과 존중까지 충족할 수 있는 시간으로 삼는다. 또한 자신에게 공감과 위로를 주는 건강한 사회적 관계를 유지하며 유해한 관계는 정리할 수 있는 용기도 필요하다. 평상시 스트레스 해소를 할 수 있는 활동을 다방면으로 만들어 놓는 것이 좋다. 스트레스를 푸는 데 실내 운동에만 의지했던 사람은 코로나19 유행 시기에 상당한 곤란을 겪었다. 나 자신을 위한 무기는 많을수록 좋다. 심호흡, 이완법, 명상 등 정적인 안정화 기법을 활용할 수 있으며, 운동, 야외 활동과 같은 동적인 활동은 내적인 긴장을 해소하는 데 도움이 된다. 악기, 미술, 사진 등 예술을 활용한 표현 활동, 동료나 친구와 대화 등 감정을 환기하는 활동도 좋다.

업무에 너무 몰입해 있을 때는 자신의 스트레스 수준을 잘 판단하지 못할 수 있다. 2인 1조의 버디*buddy* 시스템은 비슷한 업무를 하는 동료들을 짝 지워 서로의 안전과 심리적인 안정을 확보하고 공유하는 것이다. 서로에 대해 알아가고 안전을 챙겨주고 스트레스를 받는 것 같다고 생각할 때에는 휴식을 권하거나 용기를 주기도 한다. 온종일 일하는 것이 최상의 상태가 아니며, 휴식을 취하는 것은 이기적인 것이 아니다. 타인의 요구가 자신의 필요나 안녕보다 중요할 수 없다는 것을 기억해야 한다.

이 과정에서 여러 이유를 차치하고도 무엇보다 조직의 역할이 중요하다. 연차가 낮은 20·30대의 소진 수준이 가장 높은데 이는 경험과 훈련이 부족한 것과 관련이 있다. 업무에 대한 피드백, 상사의 코칭, 적절한 업무 자율성, 상사, 동료, 가족으로부터의 지지, 적합한 보상은 훌륭한 직무 자원으로 작용하여 소진을 낮출 수 있다.

이처럼 소진은 개인의 적성이나 역량만의 문제가 결코

아니다. 소진을 사전에 예방하고 관리할 수 있는 역량은 개인뿐만 아니라 조직에게도 필요하다.

(4)

진정한 애도를 위해 용기를 내어 상실과 마주하기

누구나 살면서 사랑하는 사람을 떠나보내는 경험을 한다. 첫사랑과의 이별, 가족의 사망, 친구의 자살, 반려동물의 죽음, 자녀의 독립 등 인생에서 상실은 피할 수 없는 경험이다. 그 중에서도 사별은 죽음이 갖는 비가역성 때문에 영원한 상실이라고 할 수 있다. 2022년 한 해에만 37만 3천여 명의 사람들이 각종 질병과 사고로 생명을 잃었다. 80.6%는 암을 비롯한 각종 질병으로, 7.2%는 사고와 자살 등 질병 이외의 요인으로 사망했다.

더 이상 사랑하는 사람을 볼 수 없고 대화를 나눌 수 없으며 만질 수 없다는 사실이 체감되는 순간, 견딜 수 없는 고통이 찾아온다. 심장이 멎을 듯한 슬픔으로 가슴을 치고, 그리움이 뼛속깊이 사무친다. 죽음을 둘러싼 여러 상황에서 자신이 한 일과 하지 않은 일을 떠올리며 죄책감을 느끼기도 한다. 죄책감과 좌절감이 자신이나 주변 사람, 또는 고인을 향한 분노로 이어지기도 한다. 이러한 고통을 피하기 위해 고인을 연상시키는 물건이나 장소, 사람을 피하기도 하며, 아예 고인이 먼 곳으로 이사를 갔다거나 긴 여행을 떠난 것일 뿐 어딘가에 살아있을 것이라며 자신을 속이기도 한다. 그러나 이러한 회피는 상실에 대한 자연스러운 반응을 억제하고 애도 과정 중 어딘가에 머무른 채 나아가지 못하게 만든다. 상실과 부재를 받아들이지 못하기 때문에 애도는 더 이상 진행되지 못하고 어느 단계에 막혀있는 상태에 놓이게 되는 것이다. 고통스럽더라도 고인이 이 세상에 없다는 사실을 받아들여야 비로소 고인이 존재하지 않는 실제적, 심리적 환경에 적응하는 여정을 시작할 수 있다.

많은 경우에 고인이 생전에 해왔던 역할을 감당하거나 대체해야 하는 현실적 문제가 발생한다. 고인이 포함되어 있던 미래의 계획도 새로 그려야 하며 고인을 돌보고 있었던 사람은 그 시간을 다른 활동으로 채워야 한다. 자신의 정체성과 자존감의 바탕이 되었던 고인을 대체할 다른 자원을 필요로 한다. 이렇듯 남은 사람들은 변화된 삶에 적응하기 위한 노력, 상실로 인한 고통, 고인에 대한 그리움 사이를 오가게 된다. 상실을 인정하고, 고통을 겪어내며, 주어진 역할을 해내며, 상실한 대상이 없는 새로운 삶에 적응해 나가는 것이 애도의 과정이다. 사랑하는 무언가를 잃는 것은 우리 자신을 영원히 바꿔놓는 것이기 때문에 애도를 끝이 없는 여정으로 봐야 한다는 주장도 있다. 분명한 것은 애도가 잘 진행되어 고통이 사그라든다 하더라도 남은 사람들의 삶이 그 이전과 똑같을 수는 없다는 점이다. 시간이 흘러도 고인을 생각나게 하는 것들을 접하면 여전히 슬픔과 그리움이 올라올 것이다. 세상과 사람에 대한 가치관이 변하기도 하며, 위험에 대한 민감성이 증가하기도 한다. 애도에는 정답이 없다. 다만 상실을 받아들이고 새로운 세상에 적응하고자 노력한다면 애도의 여정을 잘 밟아나가고 있다고 말할 수 있다.

애도 자체가 어려운 경우도 있다. 갑작스러운 사고, 범죄, 자살 등 트라우마의 속성을 내포하거나 시신 수습이 되지 않은 실종 상태인 경우가 대표적이다. 이런 경우는 죽음 자체를 받아들이기 어렵기 때문에 애도가 더 이상 진행되지 않는 것이다. '내가 좀 더 일찍 알아챘더라면…' '내가 그때 그런 말을 하지 않았더라면…' 이러한 가정은 결국 죽음을 돌이키고 싶은 강렬한 소망을 의미한다. 바꿔 말하자면 죽음을 받아들이지 못하는 것이다. 죽음을 부인하고 싶은 마음에 사로잡혀 있다면 애도의 여정을 밟아나갈 수 없을 것이다.

고인에 대한 복잡한 감정을 억누르는 경우도 있다. H는 십여 년 전 어머니를 **자살**로 잃었다. 어머니는 우울증을 앓고 있었다. 어머니가 몇 차례 자살 시도를 했지만 H는 심각하게 여기지 않았다. 어머니가 자신을 두고 갈 리 없다고 생각했기 때문이다. 어머니는 H와 말다툼을 한 날 또 다시 자살을 시도했고 끝내 사망에 이르렀다. H는 어머니에게 버림받았다고 느꼈지만 차마 돌아가신 어머니에게 화를 낼 수는 없었다. 대신 그 모든 분노를 자신에게 돌렸다. 자신이 어머니를 죽음으로 몰았다고까지 생각했다. 어머니의 기일 무렵에는 여지없이 증상이 악화되었다. 그렇게 십여 년이 흘러갔다. H의 사례에서 알 수 있듯이 사랑하는 사람의 죽음 앞에 슬픔과 그리움만 있는 것은 아니다. 자신을 두고 죽음을 선택한 것에 대해 분노하기도 한다. 고인의 고통이 끝났다는 안도감, 고인과 관련한 역할에서 벗어났다는 홀가분함도 느낀다. 슬픔, 그리움, 분노, 안도감 등 애도와 관련하여 다양한 감정이 들 수 있다.

유산이나 **낙태**처럼 상실 자체를 인정받지 못하는 경우도 있다. 미혼여성의 낙태는 가족들에게 알리지 않은 채 결정되는 경우가 많기 때문에 정서적인 지지를 받기 어려우며, 낙태를 한 이후에는 마치 이러한 일이 일어나지 않은 것처럼 행동하면서 상실을 애도하지 못하게 된다. 낙태는 표면적으로는 안도의 성격을 보이지만 결혼과 임신 등 여러 상황을 통해서 상기될 수 있으며 상실감, 죄책감, 수치심 등의 고통이 지연된 애도의 형태로 나타날 수 있다.

최근에는 반려동물의 죽음을 겪고 심적인 어려움을 겪는 사례가 늘어나고 있다. 가족, 친구뿐 아니라 **반려동물**, **연예인**까지 애착의 대상이 될 수 있다. 2022년 농림축산식품부의 조사에 따르면 반려동물 인구는 1,300만 명에 이른다. 우리나라 인구의 1/4이 반려동물과 함께 하고 있는 것이다. 그럼에도 불구하고 반려동물의 상실 '펫로스*Pet loss*'에 대한 사회적 인식은 아직 충분치 않은 것 같다. "사람도 아니고 동물일 뿐인데 뭘 이렇게 슬퍼하냐." "다른 동물을 입양해라." 등 무분별한 조언을 듣고 상처를 입었다는 얘기를 많이 듣는다. 정서적으로 강하게 결속되어 있던 연예인이 사망했을 때 느끼는 충격과 상실감도 역시 사회적으로는 인정받지 못하는 경우가 많다. 그러나 이들의 슬픔은 가까운 사람을 잃었을 때 느끼는 고통과 별반 다르지 않다. 정서적인 결속과 유대감을 느끼는 애착의 대상이라면 그게 누구이든, 무엇이든 간에 상실로써 인정받아야 한다.

죽음은 누구나 필연적으로 맞이하는 결말이지만 사람들은 죽음을 두려워하고 죽음에 대해 이야기하는 것조차 꺼린다. 프로이트 *Sigmund Freud* 는 우리 모두는 무의식 속에서 자신의 불멸을 확신하고 있다고 했다. '좋은 사람들에게는 불행한 일이 일어나지 않을 거야' '나는 나쁜 일에 희생되지 않을 가치 있는 사람이야'와 같은 믿음도 자신의 소멸을 부정하는 소망으로 이해된다. 사람들은 절대 죽지 않을 것처럼 현실의 욕망에만 사로잡혀 내달리다가, 죽음에 임박해서야 그간의 삶을 후회하며 죽음에 대한 공포, 어떻게 마무리해야 할지 몰라 당황하며 절망에 빠진다.

죽음에 대한 인식은 삶을 대하는 태도와 밀접한 연관이 있다. 로먼 크르즈나릭 *Roman Krznaric* 은 '매일이 작은 죽음의 연속이 되게 하라'는 죽음 개방화 개념을 소개하였다. 죽음이 강조되는 사회에서 오히려 사람들이 더 열정적으로 살 수 있다는 것이다. 죽음에 대한 교육을 통해 자신에게 주어진 시간의 유한함을 상기하고 삶의 가치와 하루를 어떻게 살아야 할지 생각해 볼 수 있다. 죽음을 삶의 뒤로 숨기는 것이 아니라 삶의 일부로 끌어 올려 적극적으로 다룰 때 두려움이나 당황스러움 없이 편안한 마음으로 삶을 마무리하는 '웰다잉*well-dying*'이 가능해진다.

남은 자들에게 필요한 것은 치열하게 죽음을 회피하고 과학을 맹신하며 죽음을 극복하는 데 온 힘을 쏟는 것이 아니라, 용기를 내어 상실과 마주하고 죽음으로 끝날 수밖에 없는 인간의 운명을 겸허하게 받아들이는 것일지 모른다. 고인을 통해 삶의 가치를 숙고하고 고인과의 내적인 교류를 이어가면서 나에게 주어진 삶을 묵묵히 걸어나갈 때 우리는 진정 상실로 인한 고통에서 벗어날 수 있을 것이다.

에필로그

이 책을 쓰며 그동안 재난 현장에서 만났던 사람들과 진료실에서 만난 환자들의 얼굴이 주마등처럼 스쳐 지나갔습니다. 지금 그분들은 긴 여정의 어디쯤을 걷고 있을까 생각해 봅니다. 주춤할 때도 있고 난관을 만나 잠시 뒷걸음치기도 하겠지만, 그들이 지금도 여전히 계속 나아가고 있을 거라고 믿습니다. 그동안 제가 목격한 그들의 행로는 어떠한 트라우마도 결국 이겨낼 수 있다는 희망을 품게 했고 이 책을 쓸 수 있는 원동력이 되었습니다.

트라우마는 우리 인생의 한 부분입니다. 그 안에는 두렵고 싫은 것도 있지만 그 시절의 반짝이는 나 자신도 물론 있습니다. 트라우마를 외면하다 보면 소중한 자신까지 잊어버리게 됩니다. 무엇보다 자신에게 절실히 필요한 위로를 건넬 수가 없습니다. 이 책이 당신에게 트라우마를 곁눈질할 수 있는 용기와 희망이 되었기를 바라는 마음입니다.